Doris Zimmermann-Herzog

Predigten durch die Jahre

Doris Zimmermann-Herzog

Predigten durch die Jahre

Fromm Verlag

Impressum / Imprint
Bibliografische Information der Deutschen Nationalbibliothek: Die Deutsche Nationalbibliothek verzeichnet diese Publikation in der Deutschen Nationalbibliografie; detaillierte bibliografische Daten sind im Internet über http://dnb.d-nb.de abrufbar.

Bibliographic information published by the Deutsche Nationalbibliothek: The Deutsche Nationalbibliothek lists this publication in the Deutsche Nationalbibliografie; detailed bibliographic data are available in the Internet at http://dnb.d-nb.de.

Coverbild / Cover image: www.ingimage.com

Verlag / Publisher:
Fromm Verlag
ist ein Imprint der / is a trademark of
OmniScriptum GmbH & Co. KG
Heinrich-Böcking-Str. 6-8, 66121 Saarbrücken, Deutschland / Germany
Email: info@frommverlag.de

Herstellung: siehe letzte Seite /
Printed at: see last page
ISBN: 978-3-8416-0529-0

Inhaltsverzeichnis

Altes Testament Seite

2. Mose 3, 1-10 / Matth. 9, 35-10,4 3

3. Mose 19, 1+2 / Mark 12, 28-34b 5

2. Kön. 4, 8-17 / Matth. 10, 40-42 7

Jes. 11, 1-10 / Joh. 12, 44-50 9

Jes. 41, 13. 17-20 / Joh. 14, 27-31 11

Jes. 60, 1-3 / Matth. 21, 1-9 13

Sirach 27, 4-6 / Luk. 6, 43-45 15

Neues Testament

Matth. 2, 1-12 17

Matth. 2, 13-15. 19-23 19

Matth. 10, 40-42 (2008) 21

Matth. 10, 40-42 (2014) 23

Matth. 13, 24-30. 36-43 25

Matth. 24, 37-44 27

Mark. 2, 1-12 29

Mark. 4, 30-33 / Jak. 2, 14-17 31

Mark. 10, 46-52 33

Luk. 1, 26-38 35

Luk .2, 22-39 37

Luk. 6, 47-49 39

Luk. 9, 18-22 41

Luk. 10, 38-42 / 1. Kor. 12, 3b-11 43

Luk. 11, 27+28 46

Luk. 13, 3-9 /Psalm 135 48

Luk. 13, 22-30 50

Luk 16, 9-13 / Psalm 121 53
Luk. 16, 19-31 55
Luk. 18. 9-14 58
Luk. 19, 1-10 / Weisheit 11, 22-12.2 60
Luk. 24, 1-10 63

Joh. 2, 1-11 65
Joh. 9, 24-39 67
Joh. 10, 1-10 69
Joh. 12, 12-19 71
Joh. 14, 1-12 73
Joh. 14, 15-21 75
Joh. 15, 12-17 77
Joh. 15, 18+19, 26-16,4a 79
Joh. 20, 19-23 82
Joh. 20, 24-29 85
Joh. 21, 14-19/ Apg. 9, 1-20 87

Röm. 14, 1+2; 16-18 90

Eph. 5, 10-14 92

Offb. 21, 10+11; 18-21 94

Christuskirche Oerlikon, 10. Juli 2011 | 2. Mose 3, 1-10
Mt. 9, 35-10,4

Liebe Gemeinde

eigentlich könnten wir uns über Gottes Aufforderung: Zieh deine Schuhe aus, denn du stehst auf heiligem Boden, Gedanken machen. Heiliger Boden, und wie gehen wir damit um?
Für jetzt möchte ich das einmal so stehen lassen, und mich anderem zuwenden.
Gott sagt: Ich habe gesehen... Ich habe gehört... Ich weiss...
Jetzt ist genug. Ich schicke Dich, Mose, zum Pharao. Du sollst mein Volk aus Ägypten herausführen, in ein fruchtbares und grosses Land, das von Milch und Honig überfliesst.
Milch und Honig stehen da für Fülle.
Gott sieht und hört und weiss, und einmal ist genug gelitten. Und dann tun sich Türen auf, Tore, und es geht weiter, so gut, wie wir es uns zuvor nicht vorstellen konnten.
Ich bin sicher, dass sie solches in ihrem Leben auch schon erfahren haben. Leiden, Ungewissheit, und dann Befreiung.
Gott sieht, hört und weiss...
Ich glaube, dass es wichtig ist, Gott auf Not, auf Ungerechtigkeit, auf Leid aufmerksam zu machen, mit ihm zu reden, zu klagen, zu schreien. Schon das entlastet, dünkt mich, und dann darauf vertrauen, dass er sieht, hört und weiss und dem dann irgendwann ein Ende setzt.
Doch jetzt kommt das grosse Aber. Für Veränderung braucht Gott Menschen. Es ist Mose, der den Auftrag, als Berufung, von Gott bekommt, die Jsraelitinnen und Jsraeliten aus Ägypten, aus der Versklavung heraus zu führen, zu Befreien, und in ein Land zu führen, in dem sie in Fülle leben können.

In der heutigen Evangeliumslesung steht, dass Jesus die Menschen heilte von ihren Krankheiten und ihrem Leiden. Ja, er hatte Erbarmen und Mitleid mit ihnen und deshalb beauftragt er seine Jüngerinnen und Jünger, Menschen von ihren Krankheiten, Zwängen, ihren Abhängigkeiten zu befreien.

Jesus beruft Menschen, die in Gottes Namen Gutes tun.

Da war doch dieses Mädchen, das Gott immer wieder bat, er möge doch einmal zu ihm reden, damit es seine Stimme höre. Einmal dann stritten zwei Buben fürchterlich mit einander. Da ging das Mädchen dazwischen. Die Buben hörten auf zu streiten und machten Frieden.

Sie wissen die Antwort, nicht wahr, wenn dieses Mädchen sie fragen würde, woher es den Mut nahm, dazwischen zu gehen. Und ich bin sicher, das Mädchen würde staunen und sich freuen.

Gott sieht, hört und weiss... und beauftragt Mose.

Jesus hat Mitleid und beruft Menschen, böse Geister auszutreiben, Krankheiten und Leiden zu heilen.

Ja, und alle sind aufgerufen, Gott zu bitten, die nötigen Helfenden zu schicken, denn es gilt, eine reiche Ernte einzubringen.

Ernten ist - etwas Gutes tun. Wenn, nur um ein Beispiel zu nennen, Menschen Kirschen pflücken zum Verkauf, dann tun sie etwas Gutes, denn nur dadurch kommen wir in den Genuss davon.

Und wenn Menschen geheilt werden und befreit von all dem Unguten, dann kommen deren Fähigkeiten wiederum anderen zu Gute.

Gott braucht uns, er wirkt durch Menschen, durch Mose damals, durch Jesu Jünger und auch durch uns heute. Denn nur so kann er seine Herrschaft aufrichten und sein Werk vollenden.

Kapelle St. Michael Winterthur, 4. Oktober 2009 — 3. Mose 19, 1+2. 17+18
Mk. 12, 28-34b

Liebe Gemeinde

Wissen sie, sagte vor kurzem eine Tierärztin zu mir, viele, die von einer Katze in den Finger gebissen werden, müssen diesen amputieren lassen. Wenn eine Katze, und sei es die brävste, die liebste, Schmerz empfindet, beisst sie zu.

Wie reagieren wir, wenn uns, durchaus unabsichtlich, Schmerz zugefügt wird? Oder wenn uns Jemand zu nahe kommt, uns mit Worten verletzt? Ja, nicht wahr, meistens rechtfertigen, verteidigen wir uns mit lauten Worten, geben mehrfach zurück, was wir einstecken mussten, laufen wütend davon, und, ja, es gibt auch Solche, die mit Fäusten auf die Anderen losgehen. Und dann grollen wir, sind beleidigt und nachtragend.

Kaum Jemand fordert sein Gegenüber auf, sich zu erklären, zu sagen, wie er oder sie auf solches kommt, was der Grund dafür ist, so zu verletzen.

Gott sagte zu Mose: Wenn du etwas gegen deinen Bruder oder deine Schwester hast, dann trage deinen Groll nicht mit Dir herum. Rede offen mit ihnen darüber. Räche dich nicht an deinen Mitmenschen und trage niemand etwas nach.

Ein solches Verhalten ist Gott-voll, ist christlich.

Ein solches Verhalten unterscheidet uns von den Katzen.

Und doch, wie schwierig ist, zu tun, was Gott durch Mose uns gesagt hat!

Und doch, wenn reden und nicht nachtragen Gott-voll ist, dann ist dreinschlagen, sich lautstark verteidigen und den Anderen die Schuld in die Schuhe schieben, Gott-los.

Mensch sein, Mitmensch sein, ist oft schwierig, auch wenn wir immer das Gute möchten und hoffen wider alle Not und Verzweiflung und wir Gottes neue Welt herbei sehnen.

Lieben, sagte der Gesetzeslehrer zu Jesus, ist besser als Brand- und andere Opfer, worauf dieser antwortete: Du bist nicht weit weg von der neuen Welt Gottes.

Ja, in Gottes neuer Welt sind weder Brand- noch andere Opfer gefragt, sondern - Liebe.

Damit Gottes neue Welt Wirklichkeit werden kann, müssen wir Lieben. Da haben keine Rachegedanken Platz, kein Groll, kein Nachtragen.

Es ist nicht nur einfach, Gottes neue Welt zu leben, nicht wahr.

Lieben, wie Jesus es fordert, heisst: Zuhören, freundlich sein, helfen, wo es Not tut, Leben ermöglichen, sich einsetzen, da-sein, d enand öppis z lieb tue, Anteil nehmen, aber auch nein-sagen und, ja, bitte ergänzen sie doch...

Lieben heisst nicht: für Andere denken, für Andere machen, sondern, für sie dasein.

Dazu, also, das zu leben, setzt Gottvertrauen voraus, und das wiederum bedeutet Freiheit, oft auch Aufbruch, bedeutet, den Mut zu haben, sich selbst zu leben.

Christuskirche Oerlikon, 11. September 2011 2. Kön. 4, 8-17
Matth. 10, 40-42

Liebe Gemeinde

Was machten sie sich für Gedanken, als sie die Lesung hörten von Elija, seinem Diener und der Frau, die so gastfreundlich war?
Ist Gastfreundlichkeit der wahre Gottesdienst?
Die Frau, die wusste, dass Elija ein heiliger Mann ist, der Gott dient.
Der Diener, der wusste, dass die Frau keinen Sohn hatte.
Und Elija, der wusste und es deshalb der Frau auch sagte: Im nächsten Jahr um diese Zeit wirst du einen Sohn auf deinen Armen wiegen.
Manchmal staune ich, wie sich eines zum anderen fügt, auch in unserem Leben. Wäre ich zu Hause geblieben, wäre ich jenem Menschen nicht begegnet und würde nicht so beschwingt weiter gehen. Hätte ich nicht erzählt, dass... hätte ich keine Antwort bekommen, vielleicht noch lange keinen Ausweg gefunden.
Achten sie einmal darauf, wie sich auch in ihrem Leben solches fügt, einfügt.
Wäre die Frau nicht so gastfreundlich gewesen, hätte Elija nie den Wunsch verspürt, ihr etwas zu liebe zu tun.
Wäre der Diener nicht Mitmensch gewesen, wäre ihm nicht aufgefallen, dass die Frau keinen Sohn hatte.
Ich möchte noch einen Moment bei der Frau bleiben. Keine Kinder zu haben, galt damals als Schande, als Strafe Gottes.
Doch die Frau versank nicht in diesem Elend, im Hadern, in Traurigkeit, sie war nicht verbittert deshalb, sondern lebte im Heute und tat, was gerade notwendig war. Sie gab Elija und seinem Diener zu Essen. Später dann sogar Obdach.
Wer euch aufnimmt, nimmt mich auf, sagte Jesus, und wer mich aufnimmt, nimmt den auf, der mich gesandt hat.

Wer euch aufnimmt, nimmt mich auf… nimmt den auf, der mich gesandt hat.
Einander aufnehmen. Ist das der wahre Gottesdienst?
Als Gott den Menschen aus Erde formte, heisst es in der Bibel, hauchte er ihm seinen Atem ein, sodass er lebendig wurde.
Gottes Atem in uns. Göttlicher Anteil in jedem Menschen. Und dieser göttliche Anteil macht doch die Würde des Menschen aus.
Nur, eben ja, wie ist denn das, wenn ein Mensch sie auf der Strasse um Geld anbettelt, ein Betrunkener, eine Drogenabhängige oder einfach ein stinkender Mensch sie um Obdach, ein Bett bittet? Wie reagieren sie da?
An dieser Stelle frage ich sie wieder einmal nach ihrem Gottesbild.
Glauben sie auch, dass Gott versteht, wenn sie nein sagen, sich angewidert abwenden und weiter gehen?
Erkennen sie bei solchen Menschen noch Würde, den göttlichen Anteil?
Ich glaube, dass Gott versteht, wenn wir einen solchen Menschen nicht aufnehmen.
Gastfreundlich und Not wendend leben heisst noch lange nicht, nicht auch einmal nein zu sagen.

Kapelle St. Michael Winterthur, 5. Dezember 2010 Jes. 11, 1-10
Joh. 12, 44-50

Liebe Gemeinde

Wir sagen euch an den lieben Advent... haben wir zu Beginn dieses Gottesdienstes gesungen. Und darin heisst es: Wir sagen euch an eine heilige Zeit...

Und im Lied: O du fröhliche, das sie alle kennen, das wir aber heute nicht singen werden, heisst es: O du fröhliche, o du selige, gnadenbringende Weihnachtszeit...

Empfinden sie die Adventszeit wirklich als heilige Zeit, fröhlich, selig, gnadenbringend?

Wir machen diese Zeit doch eher zu einer Stresszeit, rasen von hier nach dort, wissen nicht, wo uns der Kopf steht vor lauter viel machen müssen.

Ich zähle es jetzt nicht auf, denn sie wissen selbst am Besten, was alles an Weihnachtsvorbereitungen im Advent sein muss.

Warum lassen wir es einfach nicht einmal sein?

Warum bürden wir uns so vieles auf?

Warum sagen wir nicht einmal nein?

Was würde in einem solchen Fall geschehen?

Würde nicht trotzdem Weihnachten werden?

Könnten wir nicht trotzdem die Geburt Christi feiern? Anders halt, einfacher.

Ja, ich weiss, da sind all die Erwartungen unserer Nächsten. Und die wollen wir ja nicht enttäuschen, denn sie erwarten ja...

Jesaja weckt in seinem Text auch Erwartungen.

Erwarten heisst auch: Offen sein, sich freuen, sich auf Unbekanntes einlassen.

Haben sie gerne Kinderbilderbücher? Darin wird oft von Tieren erzählt, aber eigentlich sind Menschen gemeint. Wenn jetzt Jesaja schreibt: Dann wird der Wolf beim Lamm zu Gast sein, der Panther neben dem Ziegenböckchen liegen, gemeinsam wachsen Kalb und Löwenjunges auf… meint er natürlich, dass wir Menschen endlich Menschen werden sollen, nicht über einander herfallend, sondern verletzlich, zärtlich. Und alle, sagte Jesus, die an mich glauben, glauben nicht an mich, sondern an die Wahrheit, die mich gesandt hat, und alle, die mich sehen, sehen Gott, der mich gesandt hat. Ich bin als Licht in die Welt gekommen, damit alle, die an mich glauben, nicht in der Finsternis bleiben.

Und Finsternis ist da, wo der Wolf das Lamm tötet, der Panther das Ziegenböckchen verschlingt und das Löwenjunge das Kalb umbringt.

Finsternis ist Angst, ist Leben vernichtend.

Doch Jesus kam als Licht in die Welt, das uns scheint, uns leuchtet auf unseren Wegen.

Ist es nicht die Sucht nach geliebt werden, die uns atemlos werden lässt, um allen Erwartungen gerecht zu werden, die uns in dieser heiligen Zeit, dieser fröhlichen, seligen, gnadenbringenden Weihnachtszeit zu rastlosen, nervösen Menschen werden lässt?

Dabei, ach, dass wir das auch immer wieder vergessen, sind wir schon längst von Gott geliebt.

Ich wünsche ihnen, dass etwas von dieser heiligen, fröhlichen, seligen, gnadenbringenden Zeit in ihr Leben leuchtet. Jetzt.

Kapelle St. Michael Winterthur, 5. Mai 2013 — Jes. 41, 13. 17-20
Joh. 14, 27-31

Liebe Gemeinde

Ich bin der Herr, dein Gott, ich fasse dich bei der Hand und sage zu dir: Fürchte dich nicht! Ich selbst, ich helfe dir!
Und auch Jesus sagte zu seinen Jüngerinnen und Jüngern: Erschreckt nicht, habt keine Angst!
Hilfe erhalten und angstfrei leben, das heisst doch, dass wir in unserem Leben immer wieder in Situationen geraten, in denen wir Hilfe brauchen, es uns nicht immer nur gut geht, und dass wir Dinge erleben und hören, die uns Angst machen, uns erschrecken.
Mein Volk ist am Verdursten, sagt Gott, sie suchen nach Wasser und finden keins.
Ohne Wasser gibt es kein Leben.
Ohne Wasser sind wir nicht überlebensfähig.
Ohne Wasser gedeiht nichts.
Ein Garten ohne Wasser wäre gar kein Garten.
Wasser ist lebensnotwendig.
Mein Volk ist am Verdursten, ihre Zunge klebt schon am Gaumen. Aber ich höre ihren Hilferuf, ich lasse sie nicht im Stich. Auf den steinigen Höhen lasse ich Wasser hervorbrechen.
Kennen sie diese Situation? Ich meine, sich auf eine steinige Höhe verirrt zu haben? Sich mehr zugetraut zu haben als realistisch gewesen wäre? Aber auch, ein bisschen überheblich reagiert zu haben, arrogant vielleicht? In steiniger Höhe ist es einsam, pfadlos. Doch Gott sagt: ich höre den Hilferuf, ich lasse sie nicht im Stich, ich lasse Wasser hervorbrechen. Und dieses, fast möchte ich sagen - Gotteswasser - lässt einem wieder heruntersteigen, zu den Mitmenschen und sich vielleicht sogar entschuldigen.

Kennen sie in ihrem Leben Situationen, die sie als Wüste bezeichnen würden? Eintönigkeit, so weit das Auge reicht, sinnentleert, freudlos - Nichts. Nichts, woran man sich halten kann, nichts, das einem Struktur gibt. Aber ich, sagt Gott, ich höre den Hilferuf und lasse Quellen entspringen im Wüstensand.

Kennen sie in ihrem Leben Situationen, die ihnen Angst machten? Ich denke dabei an Ungewissheiten, die es galt, auszuhalten, Zeiten, in denen sie nicht wussten, wie es weitergehen soll, sie keinen Boden mehr unter den Füssen hatten, oder sie sich mit Vorwürfen quälten, weil sie zu ungeduldig waren, Zweifel sie geplagt haben. Und da hinein sagt Gott: Ich höre deinen Hilferuf, ich lasse dich nicht im Stich. In der Steppe sollen sich Teiche bilden, aus dem ausgedörrten Boden soll Wasser hervorsprudeln.

Ich höre ihren Hilferuf.

Erschreckt nicht, habt keine Angst.

Auch dann nicht, wenn ihr in eurem Leben auf steinigen Höhen seid, eure Lebenssituation dem Wüstensand gleicht, oder ihr euch im Steppenland befindet.

Fürchte dich nicht, ich helfe dir, ich gebe dir, was du zum Leben brauchst: Wasser, aber auch schattenspendende Bäume, wo du dich ausruhen kannst. Wenn die Menschen das sehen, werden sie begreifen. dass ich, der Herr, eingegriffen habe, und sie werden erkennen: Der Heilige Gott Israels hat das alles geschaffen.

Ist das nicht wunderbar, einen solchen Gott zu glauben?

Ist das nicht wunderbar, unser Leben in diesem Sinne gottvoll zu sehen und das auch immer wieder zu erfahren?

Ja, da bleibt wohl nur noch „Danke“ zu sagen.

Kapelle St. Michael Winterthur, 2. Dezember 2007 Jes. 60, 1 - 3
Mt. 21, 1 - 9

Liebe Gemeinde

In der heutigen Evangeliumslesung breiteten die Menschen ihre Kleider als Teppich auf der Strasse aus, brachen Zweige von den Bäumen und legten sie auf den Weg, um Jesus zu empfangen.
Nun, es war ja auch Frühling.
Jetzt ist es Winter. Der erste Advent. Und wir beginnen, uns auf Weihnachten, auf Jesu Geburt, vorzubereiten. Und das geht so: Wir überlegen, wen wir an Weihnachten zum Essen einladen möchten, wem wir was schenken, welche Sorten Weihnachtsguetzli wir backen wollen, ach ja, und da sind ja auch noch die Weihnachtsgrüsse, die wir verschicken sollten...und und und. Ein Gehetze, eine Organisiererei, oder etwa nicht?
Doch das kann ja kaum der Sinn der Adventszeit sein.
Ein solches Gehetze entspricht nicht dem, was uns vorgelesen wurde: Steh auf, werde licht, denn sein Licht kommt und der Glanz Gottes strahlt über dir auf!
Advent, das ist die Zeit der offenen Herzen, dem Folgen eines Traumes, der Sehnsucht nach Licht; Denn, schreibt Andrea Schwarz, manchmal bricht das Leben heftig ein. Einsamkeit, Krankheit, Ohnmacht, Tränen, Schmerzen, Leid. Dunkel und herb, tragisch und traurig, und es gibt kein wozu. Und ich werde konfrontiert mit dem Leben, mit mir, mit Gott. Das ist Advent. Weihnachten kann nur werden, wenn Advent war. Und Sterne können nur im Dunkel leuchten.
Ja, die Zeit der Erschütterung kann Advent sein.
Ja, Advent kann die Zeit der Erschütterung sein: Weil wir vielleicht finden, was wir nicht suchten: Ein Kind statt eines Königs, einen Stall anstelle eines Palastes, Ochs und Esel statt hoch zu Ross.

Advent - Zeit der offenen Herzen, mit dem wir dann hören und sehen und wahrnehmen. Und in dieses offene Herz die Anfrage, wie Maria auch gefragt wurde: Darf Gott auch in dir zur Welt kommen?
Und wenn JA, dann geschieht Weihnachten, dann müssen wir es nicht machen. Unsere Mitmenschen werden es merken an unserer Haltung, an unserer Einstellung. Wenn Gott in uns Mensch werden darf, werden wir endlich Menschen sein. Und wer weiss, wer weiss, vielleicht wachsen uns sogar Flügel. Und das nicht nur an Weihnachten, sondern das ganze Jahr hindurch.
Advent - Das Unhörbare hören, dem Unglaublichen trauen, sich aufmachen, sich auf den Weg machen, sich einlassen, damit Weihnachten werden kann.
Ja, steh auf, werde licht, denn Gottes Glanz strahlt über dir auf.
Gott, schicke uns deinen Stern des Himmels. Schicke uns deinen Trost der Welt. Schicke uns dein Licht des Lebens. Engel, Hirtinnen und Hirten und Weise haben den Weg zu dir gefunden. Lass ihn uns auch entdecken.

Augustinerkirche Zürich, 14. Juli 2013 Sir. 27, 4- 6

Lk. 6, 43-45

Liebe Gemeinde

Diese beiden Lesungen dünken mich happig!

Absichten, die Menschen äussern, offenbaren die Gedanken ihres Herzens und - Wovon dein Herz erfüllt ist, davon redet dein Mund!

Das Herz. Ihr Herz. Was ist es für sie? Einfach ein Organ, das den Dienst einer Pumpe versieht?

Nur, was klopft denn da in ihrer Brust, laut, stark, wenn sie dem Menschen begegnen, in den sie sich verliebt haben? Sie aufgeregt sind, weil ein für sie wichtiges Gespräch stattfindet? Sie nervös sind, weil sie heute einen Zahnarzttermin haben? Sie sich über alle massen geärgert haben?

Ja, es ist das Herz.

Wenn sie etwas zutiefst bewegt, wohin geht, fast automatisch, ihre rechte Hand? Zum Herz.

Wie denken sie über ihr Herz?

Für mich ist es auch der Ort für meine Seele. Und diese ist für mich der göttliche Anteil, den ein jeder Mensch in sich hat.

Absichten, die Menschen äussern, offenbaren die Gedanken ihres Herzens.

Es geht mir soo gut, ich möchte die ganze Welt umarmen.

Ich habe mich dermassen geärgert und hoffe, ihr, ihm nicht mehr so schnell begegnen zu müssen.

Typisch, dass er, dass sie so fährt, es ist ja bekannt, dass Autonummern mit einem G am Schluss der Kantonszugehörigkeit nicht richtig fahren können.

Und solches soll nicht mehr sein dürfen?

Früher sagte man doch: Rede, sonst wächst dir ein Kropf. Ja, reden, ausrufen ist wichtig, sonst wird man krank.

Reden, ausrufen, und dann ists vorbei; man ist wieder leer und kann sich anderem zuwenden.
Wenn ich denke, wie Jesus einmal seine Jünger zurecht gewiesen hat, weil sie verhindern wollten, dass Jesus die Kinder, die ihre Mütter zu ihm brachten, segne.
Wenn ich daran denke, wie Jesus versuchte, die Schriftgelehrten und Pharisäer von ihrem engen Denken abzubringen.
Wenn ich daran denke, wie Jesus sich geärgert hat, als er im Tempel die Händler sah, ihre Tische umstiess, laut wurde und sie schreiend vertrieb.
Im heutigen Evangeliumstext der Satz: Wohlwollende Menschen bringen aus dem guten Schatz ihres Herzens Wohl hervor.
Übelwollende aus dem schlechten Schatz Übles.
Kennen sie einen Menschen, der durch und durch schlecht ist? Wenn wir die Weltgeschichte anschauen oder uns weltweit umsehen, ja, da gäbe es Beispiele, nicht wahr. Mir macht es Mühe, mich gedanklich bei solchen Menschen aufzuhalten, denn ich verstehe das nicht, kann es nicht nachvollziehen, weiss nicht, was ich über sie sagen soll.
Wohlwollende Menschen bringen aus dem guten Schatz ihres Herzens Wohl hervor.

Augustinerkirche Zürich, 6. Januar 2008 Matth. 2, 1-12

Fernsehgottesdienst

Liebe Gemeinde

Liebe Mitfeiernde vor dem Bildschirm

Von den drei Sterndeutern ist die Rede im heutigen Evangeliumstext. Von drei Königen reden wir auch, von Magiern oder Weisen und, von König Herodes.

Denken sie, diese Geschichte sei eine nette Zugabe zu Weihnachten oder - hat sie noch immer eine Bedeutung, auch für uns?

Diese drei Männer beeindrucken mich. Es waren Sterndeuter, klar, und nach ihren Berechnungen bedeutete jener Stern etwas Besonderes, die Geburt eines neuen Königs. Das wohl. Aber damit nicht genug. Nein, sie brechen auf und folgen diesem Stern, wagen Schritte, machen sich auf den Weg in Unbekanntes.

Ich glaube nicht, dass sie damit beweisen wollten, dass sie mit ihren Berechnungen recht hatten. Da war anderes, da waren Offenheit und Bereitschaft für Neues.

Doch dieses Neue fanden sie nicht dort, wo sie es erwarteten, in Jerusalem.

König Herodes erfährt davon.

Lebt nicht in uns allen ein grösserer oder kleinerer Anteil des Herodes?

Er lässt sich vordergründig auf das ein, was die Sterndeuter ihm erzählen. Doch eigentlich hat er Angst vor dem Unbekannten, dem Neuen. Und darum will er es vernichten.

Nur nichts aufgeben, alles muss so bleiben wie gewohnt, nichts verändern und sich festklammern an dem, wie es schon immer war. Dies scheint einfacher zu sein, wenigstens im ersten Moment.

Ja, nicht wahr, manchmal erschrecken wir auch ob einem Entschluss, den Schritten, die wir wagen, halten inne und fragen uns: Schaffe ich das? Doch es gilt, genau wie die Sterndeuter, dem Stern, dem Traum, der Stimme des Herzens zu folgen. Ich denke da zum Beispiel ans Loslassen der Vergangenheit. Ich denke aber auch an die Rollen, die uns von der Gesellschaft aufgebürdet werden und an all die Erwartungen, die an uns gestellt werden und die wir an uns selber stellen. Ich denke auch ans Ausbrechen aus Denkmustern, ans Weggehen aus Situationen, die uns belasten, krank machen, die uns den Atem nehmen, uns nicht wirklich leben lassen um endlich, endlich anzukommen und Mensch, Mitmensch zu werden. Und von daher ist die Geschichte, die wir hörten, noch heute aktuell.

Die drei Sterndeuter brechen also noch einmal auf, gehen weg aus Jerusalem, folgen weiter dem Stern.

Es braucht Mut, sich auf den Weg zu machen und Vertrauen, wegzugehen von Gewohntem und Lieb Gewordenem, Abschied zu nehmen von Zukunftsplänen. Es kann ein jahrelanger und mühsamer Weg sein, bis wir ankommen und finden.

Die drei Sterndeuter fanden ein Kind statt eines Königs, einen Stall anstelle eines Palastes, Ochs und Esel statt hoch zu Ross. Die drei Sterndeuter fanden das Kind, den neugeborenen König und seine Mutter Maria und freuten sich sehr.

Die Geschichte von den drei Sterndeutern erzählt unsere eigene Geschichte, und ich wünsche ihnen viele Blumen am Wegrand, ein munteres Bächlein, das sie begleitet, einen strahlenden Stern in ihren Ängsten und Zweifeln und, dass ihre Freude grenzenlos sein wird, wenn sie ankommen, so dass sie staunen und Gott danken.

Amen.

Augustinerkirche Zürich, 30. Dezember 2007 Gal. 4, 4 - 7

Mt. 2, 13 - 15. 19 - 23

Liebe Gemeinde

Noch keine Woche ist es her, da verkündeten die Engel den erschreckten Hirtinnen und Hirten: „Fürchtet euch nicht“ und „ Frieden auf Erden“.
Engel sind Boten Gottes.
Durch ihr „Fürchtet euch nicht“ und „ Frieden auf Erden“ gaben sie Gottes Träume preis.
Gottes Träume für uns Menschen.
Und jetzt das! Ich meine die heutige Evangeliumslesung. Wo blieb da Gottes Traum von „Fürchtet euch nicht“ und „Frieden auf Erden“?

Es ist wiederum ein Engel, der Josef die mörderische Wirklichkeit mitteilen musste: Steh auf, nimm das Kind und seine Mutter und flieh nach Ägypten. Herodes wird nämlich das Kind suchen, weil er es umbringen will.

Tja, Gottes Träume und die mörderische Wirklichkeit stehen sich gegenüber. Also das „Fürchtet euch nicht“ Gottes und unserer Angst vor dem Verlust der Arbeitsstelle, schlimmer Krankheit, Schmerzen, Gewalt, dem Auseinanderbrechen einer Beziehung, den Folgen einer spontan gemachten Bemerkung, und und und.
Gottes Träume und die mörderische Wirklichkeit stehen sich gegenüber. Also das „Frieden auf Erden“ Gottes und unsere Realität, in der wir leben: Streit, Missgunst, Gewalt, Ausbeutung, Machtansprüche, Missbrauch, Lüge, Manipulation, Verantwortungslosigkeit, Ausgrenzung, Diskriminierung, und und und.

Ist es denn so schwer, Gottes Träume Wirklichkeit werden zu lassen?

Ja, eigentlich schon, nicht wahr. Doch manchmal gelingt es uns, ein klein wenig davon zu leben, ein klein wenig davon weiter zu geben.
„Fürchte dich nicht". Sie kennen ihre Ängste. Und da hinein das „Fürchte dich nicht" des Boten von Gott.
Josef, und wahrscheinlich auch Maria, hatten Angst. Vielleicht nicht einmal so sehr um sich selbst, als vielmehr um ihr Kind, Jesus, das es zu beschützen galt.
Ja, göttliches muss geschützt, beschützt werden
Das gilt auch für uns, die wir göttliches in uns tragen. Wir müssen es schützen vor dem Machtdenken, dem Streben nach Reichtum, nach Rache, und und und.
Das göttliche in uns schützen, um Mensch, Mitmensch zu bleiben, um einander auch einmal Engel zu sein, um Gottes Träume ab und zu durchschimmern zu lassen, auf dass ein ganz klein wenig weniger Angst herrscht und ein bisschen mehr Frieden wird.
Josef hatte Angst. Und in dieser Angst vertraute er dem Engel Gottes und tat seinen Traum in der Nacht nicht ab als: Träume sind Schäume. Er meinte nicht, alles besser zu wissen und alles selber machen zu müssen. Nein, er hörte in seiner Angst auf den Engel und tat, was dieser ihm sagte.
Gottes Träume „Fürchte dich nicht" und „Frieden auf Erden den Menschen" gelten uns allen.
Und ich bin ganz sicher, wenn sie in einer ruhigen Stunde ihr bisheriges Leben einmal betrachten, werden gewisse Geschehnisse nicht mehr einfach Zufall sein, sondern Gottes Traum für sie in diesem nicht immer ganz einfachen Leben.

Christuskirche Oerlikon, 10. August 2008 2. Kön. 4, 8-17

Mt. 10, 40-42

Liebe Gemeinde

haben sie verstanden, was ich ihnen vorhin vorgelesen habe? Ich meine nicht akustisch, sondern inhaltlich.
Was nur will Jesus damit seinen Jüngerinnen und Jüngern sagen?
Wer einen Propheten aufnimmt...
Gibt es heute denn überhaupt noch Prophetinnen und Propheten?
Mit Propheten meint Jesus Menschen, die sich aufmachen, so leidenschaftlich ihr Leben von einem neuen Vertrauen her zu gestalten, wie Jesus es auch gelebt hat.
Ja, wenn ihr einen solchen Menschen trefft, bekommt ihr eine Ahnung, worum es geht. Und wenn ihr ihn aufnehmt, in euer Haus, in euer Herz, wird es ruhiger in euch. Und das ist euer Lohn.

Wer einen Gerechten aufnimmt...
Eine Gerechte, einen Gerechten... damit ist gemeint: Menschen, die von Gott her richtig leben.
Von Gott her richtig leben. Was heisst denn das?
Ja, sich selber wahrnehmen, in sich hinein horchen, auf die Stimme in einem hören und dies leben, und nicht das, was Andere, wer immer dies sein mag, von einem erwarten. Und ein solches Vorbild haben, mit einem solchen Menschen Kontakt haben, ihn in sich aufnehmen, ist Lohn genug.
Über was identifizieren sie sich als Christ, als Christin?
Ja, nicht wahr, wir müssen uns die Frage gefallen lassen: was macht uns eigentlich zu Christinnen, zu Christen?
Ein Schluck kaltes Wasser, das wir Jemandem zu trinken geben? Nein, bestimmt nicht, denn das ist eine Frage der Gastfreundschaft.

Was ist unser Glaube? Reden wir von ihm oder leben wir ihn? Was ist der Kern, um den sich unsere gesamte Lebensführung dreht?
Der libanesische Dichter S.Y. Assaf hat in seinem Gedichtband Sieh die Nachtigall, Bruder, einmal gesagt:
Eure Mission war es und ist es, den Menschen zu dienen zu ihrem Wohle und Heile; doch euch ist sie ein Vorwand, Herrschaft und Willkür auszuüben. Euer Meister lud euch ein, einander geschwisterlich zu lieben und Freude zu verkünden; statt dessen bürdet ihr den Menschen Lasten auf und verdammt diejenigen, die nach ihrer Überzeugung leben. Zu den Armen und Entrechteten ward ihr gesandt, doch ihr habt eure Blicke von ihnen abgewendet und sie auf Reichtum und Ehre gerichtet. Eure Mission war eine göttliche Sendung, ihr aber suchtet euer Interesse, euren Vorteil und Gewinn. Euch wurden die Quellen des Heils anvertraut, ihr aber liesst sie versiegen! Der Gedanke an Umkehr liegt euren Herzen fern; ihr seid Feinde jeder Erneuerung, obwohl euer Meister die Welt verändert hat. Ihr aber verteidigt veraltete Traditionen, statt ihren weltbewegenden Inhalt. Die Menschen verehren eure Kleider, euer Amt und euren Titel, nicht die Tiefe eures Denkens, nicht eure Güte und Menschenfreundlichkeit. Ihr führet sie auf die breite Strasse der Anpassung, der Unwissenheit und Unfreiheit, statt ihnen den Höhenpfad zu weisen, der durch Wahrheit und Freiheit zum Lichte führt.

Klosterkirche Wettingen, 7.September 2014 2. Kön. 4, 8-16a
Matth. 10, 40-42

Liebe Gemeinde

Ein festlicher Gottesdienst steht in der Einladung im Christkatholisch zum heutigen Sonntag, in dem wir der Weihe dieser Marienkapelle gedenken.
Ich möchte aber nicht der Weihe gedenken, sondern mir Gedanken über Maria machen, denn morgen, wird gesagt, ist ihr Geburtstag. Und das festliche möchte ich ihnen überlassen, denn vielleicht haben sie Grund, ein wenig feierlich zu werden, zu staunen, zu danken, eine Kerze für sich anzuzünden.
Vor über 2000 Jahren kam ein Mädchen zur Welt. Ihr wurde der Name Maria gegeben.
Was zeichnete denn Mara aus, dass wir ihrer noch immer gedenken und diese Kapelle auf ihren Namen geweiht wurde?
Ja, sie haben recht, sie ist die Mutter von Jesus, und bei der Begegnung mit Elisabeth, der alten Frau, die ebenfalls schwanger war, und zu deren Mann ein Engel kam und die Geburt eines Sohnes ankündigte und sagte, dass bei Gott ist nichts unmöglich ist, sang sie prophetisch von hinschauen, von Güte, von Gottes Erbarmen, von Gutem und von Barmherzigkeit. (Lk. 1, 47-55)
Kürzlich stand ich vor einem grossen, alten, gestickten Wandteppich. Unendlich viele Menschen waren darauf. Ich habe diese aber wie nicht wahrgenommen, sondern nur die beiden Frauen, die sich gegenüberstanden. Eine alte und eine junge. Und beide hatten ein Kind in sich, aufrecht standen die Kinder in ihnen, da, wo das Brustbein ist. Es stellt die Begegnung von Elisabeth und Maria dar.
Dieses Kind in den beiden Frauen.

Ich glaube, dass jeder Mensch in sich ein göttliches Kind hat, einen göttlichen Anteil, der uns auffordert, hinzuschauen, Güte und Erbarmen zu leben und Gutes und barmherzig zu sein.
Elisabeth wurde nicht gefragt, ob sie in ihrem Alter noch ein Kind möchte. Aber ich denke, dass sie in jungen Jahren unter der Kinderlosigkeit gelitten hat, denn das galt als Strafe Gottes.
Maria aber wurde gefragt. Der Engel Gabriel wurde zu Maria geschickt, der ihr erzählte, was Gott mit ihr vorhat. Und Maria sagte JA. Es soll geschehen, wie du mir gesagt hast.
Ich bin überzeugt, dass Maria für sich und Joseph, mit dem sie verlobt war, andere Pläne hatte und diese nun nicht mehr leben konnte.
Erinnern sie sich noch, wann sie JA gesagt haben zu etwas, das dann ihre Pläne, ihr Leben verändert hat? Vielleicht, denken sie an ihren göttlichen Anteil in sich, der sie spüren liess, dass sie zu etwas Ja sagen sollten, mit dem sie nicht gerechnet hatten, sie vielleicht gar nicht wollten. Vielleicht war es aber auch ein NEIN zu dem, was sie sich zurechtgelegt, geplant, organisiert hatten. Oder vielleicht kam auch ein Mensch auf sie zu, ja, Menschen sind oft auch Botinnen, Boten von Gott, der sie auf einen anderen Weg führte.
Marias JA zu Gottes Plan hatte für sie Konsequenzen.
Welche Konsequenzen hatte ihr JA, ihr NEIN?
Manchmal schmunzle ich, wenn ich darüber nachdenke, was wohl gewesen wäre, wenn ich damals nein, wenn ich damals ja gesagt hätte, denn es ist wie es ist, und müssig, sich gross Gedanken darüber zu machen.
Aber andere Ja, andere Nein, haben das Leben verändert. Und darüber dürfen wir staunen, froh werden, danken und vielleicht auch eine Kerze anzünden.

Kapelle St. Michael Winterthur, 6. März 2011 Kol. 3, 12-17
Mt. 13, 24-30

Liebe Gemeinde

Feierabend. Alles ist friedlich. Es ist Freude, Genugtuung da über die geleistete Arbeit, und der Schlaf ist tief. Doch da - ungehört und ungesehen kommt der Feind, sät Unkraut zwischen den Weizen und verschwindet wieder.
Der Weizen beginnt zu wachsen, und mit ihm das Unkraut.
Diese Sprache verstehen die Menschen, sie können sich etwas vorstellen. Und auch des Gutsherrn Antwort ist nachvollziehbar: Das hat Einer getan, der mir schaden will.
Jesus vergleicht das Weizen säen mit der neuen Welt Gottes. Weizen säen: Gutes tun. Weizen säen, damit Niemand hungern muss. Weizen säen und vertrauen, dass er, bedingt durch den guten Boden, Tag und Nacht, Sonne und Regen wächst und Frucht bringt.
Gottes neue Welt: Gutes tun, für Einander da sein, vertrauen.
Ich bin überzeugt: Wenn sie sich überlegen, wer sie in diesem Gleichnis eher sind, der Gutsherr oder der Feind, dass sie sich im Gutsherrn wieder erkennen. Und bestimmt haben sie schon oft geseufzt über den Feind, der scheitern liess, was sie wollten und zunichte machte, und all ihre Bemühungen nicht gelingen liess, die sie sich vorgenommen haben.
Der Feind.
Haben sie Feinde? Vielleicht kommt ihnen gerade jetzt niemand in den Sinn. Feinde, dünkt mich, müssen nicht unbedingt Menschen sein. Feinde können auch Denkmuster sein, Einstellungen, unüberlegte Handlungen, Perfektionismus... Es lohnt sich, dem hin und wieder nachzugehen, nachzuhängen.

Die Arbeiter fragen den Gutsherrn, ob sie hingehen und das Unkraut ausreissen sollen. Hat eine solche Frage mit Angst, mit Perfektionismus zu tun?

Und der Gutsherr bittet sie: Nein, lasst es wachsen bis zur Ernte.

Unkraut.

Auch Brennesseln gelten als Unkraut. Und doch sind sie Nahrung für Raupen, lässt sich daraus Suppe und Tee machen. Nicht alles, was wir als Unkraut empfinden, ist es auch.

Jesus mahnt zur Geduld. Ja, nicht ständig auf das Unkraut starren und sich darüber ärgern, sich Gedanken machen. Nein, sondern auch sehen, dass Weizen wächst und sich freuen darüber und versuchen, selber Weizen zu sein.

Weizen.

Für Paulus Freundinnen und Freunde sind das: Erbarmen, Freundlichkeit, Bescheidenheit, Milde, Geduld, einander ertragen, nicht nachtragend sein, einander vergeben und - lieben. Ja,

unser Leben, unser sein, soll Gottes Güte durchschimmern lassen.

Ja, nicht wahr, so könnte es sein, wenn es eben diesen Feind nicht gäbe.

Vergebt einander, heisst es im Brief an die Gemeinde in Kolossä. Mir fehlt da etwas. Nämlich: Vergebt auch euch. Denn manchmal sind wir doch ein bisschen unfreundlich, ein bisschen ungeduldig, ein bisschen nachtragend. Denn nur, wenn wir uns selbst vergeben, können wir versuchen, immer wieder Weizen zu leben, können wir versuchen, Mitleid zu haben an Stelle von Profitgier. Sich vergeben.

Denn einmal wird das Unkraut ausgerissen, eingesammelt und verbrannt werden. Das Gute aber, das wir an und für einander taten, wird bleiben, und dann ist Gottes neue Welt da.

Christuskirche Oerlikon, 25. November 2012 Mt. 24, 37-44

Liebe Gemeinde

Der Menschensohn wird zu einer Stunde kommen, in der ihr es nicht erwartet. So steht es in der Bibel.
Auch das Leben hat für uns immer wieder unerwartetes bereit: Noch gestern haben wir mit einander telefoniert, und heute ist sie, ist er tot und alles ist anders.
Ich sah fürchterlich aus - verschwitzt, die Hände schmutzig von der Gartenarbeit und trug meine ältesten Kleider, als einer, als eine kam und es war - Liebe auf den ersten Blick.
Ja, nicht wahr, plötzlich ist alles anders. Im Positiven wie im Negativen.
Und dann, was bewegt sie? Staunen sie? Danken sie?
Der Menschensohn wird zu einer Stunde kommen, in der ihr es nicht erwartet.
Menschen sagen, ja, es sind vor allem Freikirchliche: Als Jesus in mein Leben trat, kam ich los von meiner Sucht, schlug ich einen anderen Weg ein, wurde ich gesund...
Ich sage: Ich spürte... ja, die Stimme im Herzen, Gott in uns.
Andere sagen: Es war, als sei ein Engel bei mir gewesen.
Der Menschensohn wird zu einer Stunde kommen, in der ihr es nicht erwartet.
Bei vielen gilt dieser Satz nicht. Die lesen in der Offenbarung nach von all den Gräueltaten und übertragen sie in ins Heute und verbreiten dann Weltuntergangsstimmung. Und diese löst bei vielen Menschen Ängste aus.

Von den beiden, die auf dem Felde sind, wenn der Menschensohn kommt, wird einer angenommen, der andere zurückgelassen.

Von den beiden, die die Mühle drehen, wird eine angenommen, die andere zurückgelassen.
Diese beiden Sätze machen mich stutzig. Welches Bild vermittelte Jesus uns denn von seinem Vater? Denken sie einmal an all die Gleichnisse, die Jesus erzählte. Da ist doch immer von Heilung, Vergebung, von Suchen und Freude die Rede.

Auch wenn ich weiss, dass das Kirchenjahr zu ende ist, trotzdem: Warum diese Weltuntergangsstimmung?

Maria war durch ihr „ja" zu Gott schwanger, sang ihr Befreiungslied und gebar, als die Zeit erfüllt war, Gottes Sohn.
Als die Zeit erfüllt war.
Auch das erleben wir in unserem Leben. Dann, wenn es Zeit ist, wenn die Zeit erfüllt ist, trifft ein, worauf wir gewartet haben, uns eingesetzt, wonach wir gesucht haben. Ich empfinde das dann jeweils als Geschenk. Sie auch?
Wenn die Zeit erfüllt ist… und keinen Tag früher.
Ich wünsche ihnen jetzt eine gute Zeit, in der ihnen geschenkt wird, was sie brauchen.

Kapelle St. Michael Winterthur, 15. Oktober 2006 Mk. 2, 1-12

Liebe Gemeinde

Sehen sie die vielen Menschen im Haus und draussen vor der Tür? Sie waren da, um Jesus zuzuhören, denn er verkündete ihnen die Botschaft Gottes.
Gerade jetzt war es für Jesus das wichtigste, zu den Menschen von Gott zu reden - und für die Menschen - zuzuhören.
Für andere jedoch, ich meine die vier Männer und den Gelähmten, war anderes wichtiger. Sie stellten sich nicht einfach hinten an und warteten - nein, sie taten etwas, waren aktiv. Für sie war anderes wichtig als im Hintergrund zu bleiben und zuzuhören, zu warten, zu hoffen und sich zu bescheiden.
Die Männer gruben die Lehmdecke des Daches auf und liessen den Gelähmten auf seiner Matte durch das Loch hinunter. Direkt vor Jesus hin.
Und Jesus? Er liess sich von diesem Geschehen unterbrechen, vertröstete den Gelähmten nicht und blickte nicht hoch zu den vier Männern, um sie über ihre Unverschämtheit zurecht zu weisen. Nein, er fasste es als Vertrauen auf!
Jesus verkündete den Menschen die Botschaft Gottes. Doch - diese besteht, wie bei diesem Ereignis gezeigt wird - nicht nur aus Worten. Sie besteht auch aus: hinschauen, sich berühren lassen, handeln. Also tun, was Not-wendend ist.
Deine Schuld ist dir vergeben, sagte er zu dem Gelähmten. Ja, nicht wahr, Schuld kann lähmen, genau so wie Schmerzen, Krankheit, Sorgen.
Deine Schuld ist dir vergeben. Wir kennen die Schuld des Gelähmten nicht. Ich bin überzeugt, dass Jesus damit nicht das ihn-unterbrechen meinte.
Jesus lebte Gottes Botschaft. Lebte, was er verkündete, liess fliessen: Gottes Zuwendung, seine Liebe, das, was Leben ermöglicht.

Es war früher nicht anders, als es heute ist: Da gibt es doch immer welche, die sich an solchem stören. In der heutigen Evangeliumslesung sind es die Gesetzeslehrer, die dachten: Schuld vergeben kann nur Gott, was Jesus tut, ist Gotteslästerung.
Sind sie auch dieser Meinung?
Ich denke anders darüber. Wenn ich meine, jemandem Unrecht getan zu haben, so muss ich doch mit genau diesem Menschen das Gespräch suchen und mich bei ihm entschuldigen. Und dieser Mensch kann dann meine Entschuldigung annehmen, mir also vergeben. Vergeben, nicht ungeschehen machen. Vergeben, nicht vergessen. Vergeben, sich mit der Zeit damit aussöhnen.
Gottes Botschaft: hinschauen, sich berühren lassen, handeln, ansprechen, Not wenden. Jesus wusste sofort, was die Gesetzeslehrer dachten und fragte sie: Was sind das für Gedanken, die ihr euch da macht?
Wie oft ertappen wir uns selbst dabei, dass wir für andere denken und uns damit belasten, auch wenn das gar nicht nötig wäre.
Des Gelähmten Schuld ist vergeben, doch er liegt noch immer auf seiner Matte. Was braucht er denn noch mehr? Ja, sie haben recht: ein erlösendes, befreiendes, aufrichtendes, mutmachendes Wort. Nein, eigentlich nicht nur ein Wort, sondern einen Befehl: Steh auf, nimm deine Matte und geh nach Hause!
Und da erst stand der Mann auf, nahm seine Matte und ging.
Durch Jesu Befehl wagte er, aufzustehen, seine Matte zu nehmen, zu gehen und sein Leben, seine Verantwortung selbst in die Hand zu nehmen.

Augustinerkirche Zürich, 26. Februar 2006 Jak. 2, 14-17

Mk. 4, 30-33

Liebe Gemeinde

Wenn Gott seine Herrschaft aufrichtet, ist es wie bei einem Senfkorn, das Jemand in seinem Garten in die Erde steckt. Es ging auf und wuchs und wurde zu einem Baum und die Vögel bauten ihre Nester in seinen Zweigen. Oder, wie es bei Jakobus steht: Wenn aus dem Glauben keine Taten hervorgehen, ist er tot.

Kürzlich stolperte ich im Forum, das ist das römkath. Kirchenblatt, über eine Bildlegende: Eine kleine, gebückte Figur sucht links am Boden, rechts, hinten, und wird gefragt: Was soll das du? und bekommt zur Antwort: Ich suche meinen Weg.

Zum Bibelvers: Wenn aus dem Glauben keine Taten hervorgehen, ist er tot, könnte die Antwort auch lauten: Ich suche etwas, was ich tun könnte.

Die Figur bückt sich wieder und sucht weiter. Vorne, links, sieht eine Blume, pflückt sie und streckt sie der anderen Figur hin: Für dich. Vielen Dank, sagt der Beschenkte; hast du deinen Weg, oder eben das, was du tun könntest, gefunden? Noch nicht, lautet die Antwort, aber langsam beginne ich zu verstehen.

Und sie?

Verstehen sie?

Wenn aus dem Glauben keine Taten hervor gehen, ist er tot.

Taten - und nicht fromme Worte, also darum besorgt sein, um bei Jakobus zu bleiben, dass unsere Mitmenschen Kleidung und Essen haben.

Gottes Botschaft verstehen. Dieser winzig kleine Samen, in dem doch alles angelegt ist, kann nicht werden, wenn er nicht in die Erde gesät wird. Und mit nur frommen Sprüchen kann Gott seine Herrschaft nicht aufrichten, wird in der Welt nichts von Gott spürbar.

Gottes Botschaft verstehen.

Das Gleichnis vom kleinen Senfkorn, das zu einem grossen Baum heranwächst, Schatten spendet und in dessen Aesten Vögel nisten heisst auch: Habt Vertrauen ins ruhige, langsame Wachsen der gesäten Kräfte, die in euch und in jedem Menschen angelegt sind.

Wir haben eine Verantwortung, wir Christinnen und Christen.

Damit Gott wird, müssen wir ihn leben und auf das vertrauen, was Gott in uns angelegt hat.

Ich weiss, das ist nicht immer einfach, und ein Rezept dazu gibt es nicht, denn die Situationen und die Herausforderungen, denen wir begegnen, sind immer wieder anders, sind vielleicht auch manchmal so, dass wir Halt und Nein sagen müssen. Und vom Rechnen und Aufrechnen müssen wir absehen.

Da-sein, Mitmensch sein. Wenn Not ist, helfen und trotz der alltäglichen Hetze einmal stehen bleiben, ein Lächeln verschenken oder sich über ein Lächeln freuen, das einem gilt.

Also nicht Gewalt, nicht sinnloses Zerstören, zuschlagen.

Was denken sie jetzt? Taucht die Frage auf, ob ich überhaupt je Zeitung lese, fern sehe, Radio höre?

Ja, ich weiss, weltweit gesehen ist es anders.

Trotzdem, im ersten Satz der heutigen Evangeliumslesung heisst es: Wenn Gott seine Herrschaft aufrichtet... Von einem Senfkorn ist die Rede. Und dieses Senfkorn ist in uns angelegt, in Jeder und Jedem. Wir alle haben göttlichen Atem in uns, Heiligen Geist, Sehnsucht nach Heilem. Und das heisst doch: Nicht stehen bleiben bei Zerstörung und Gewalt, sondern Mitmensch sein, hoffen, Gott leben, damit ER, damit sein Reich werden kann.

Augustinerkirche Zürich, 25. Oktober 2009 Mk. 10, 46-52

Liebe Gemeinde

Blind.

Nichts sehen.

Nicht sehen.

Geblendet sein.

Vergessen, dass es noch eine andere Sicht gibt.

Nicht sehen, und da - plötzlich fällt es einem wie Schuppen von den Augen.

Mit dem Herzen sehen.

Traurigkeit verdunkelt die Welt.

Vorhänge zuziehen, sich hinlegen, die Augen schliessen: Migräne.

Der blinde Bartimäus sitzt am Strassenrand und bettelt. Ihm bleibt nichts anderes übrig, als bettelnd zu seinem täglichen Brot zu kommen.

In der heutigen, sehr kurzen Evangeliumslesung geschieht viel.

Bartimäus wird aktiv, als er hört, dass es Jesus ist, der vorbei kommt. Und weil er blind ist, bleibt ihm nichts anderes übrig, als durch lautes Rufen auf sich aufmerksam zu machen: Jesus, Sohn Davids, hab Erbarmen mit mir.

Und wie reagieren die Menschen, die mit Jesus unterwegs sind?

Ja, sie fahren ihn an, er solle still sein.

Die Menge weiss, wie man sich zu benehmen hat. Aus ihrer Sicht geziemt es sich nicht, durch lautes Rufen auf sich aufmerksam zu machen.

Bartimäus ist ein Bettler, und aus ihrer Sicht hat er zu schweigen, denn sie versorgen ihn mit dem, was sie glauben, dass er es braucht. Weil er hilfsbedürftig und abhängig ist, muss er schweigen. Mit seinem Rufen bringt er die öffentliche Ordnung durch einander.

Doch Bartimäus ruft laut. Er lässt sich durch die Masse nicht mundtot machen. Er setzt sich gegen die Volkmenge durch, denn diese hat nicht immer recht.
Dass auch nur Eine oder Einer mit ihm Mitleid hat, davon steht nichts geschrieben.
Auch die Menge - blind?
Jemandem wenigstens hätte in den Sinn kommen können, Bartimäus zu Jesus zu führen, denn sie wussten bestimmt von seinen Heilungen.
Er ruft noch lauter, und Jesus bleibt stehen und sagt: Ruft ihn her.
Ich bin da. Helft ihm, zu mir zu kommen.
Und einige laufen zu dem Blinden und sagen: Fasse Mut. Steh auf. Jesus ruft dich.
Und Bartimäus springt auf und kommt zu Jesus. In seinen Handlungen sind keine Fragen, kein Staunen, kein Zögern, nur Freude und Vertrauen.
Er weiss, was er will: Sehen, und nicht mehr betteln müssen.
Sehen, und dadurch aktiv sein, sich einmischen und, ja, ein Leben in Würde leben.
Manchmal sitzen oder knien Bettler bei Einkaufszentren am Boden. Und wenn ich dann ihren bettelnden Blick sehe, tja, da frage ich mich: Was nur hat man aus diesen Menschen gemacht.

Was willst du, fragt Jesus den Blinden, was soll ich für dich tun?
Jesus nimmt ihm die Verantwortung nicht ab, denkt nicht für ihn, sondern fragt: Was erwartest du von mir? Jesus nimmt ihn ernst, lässt ihn selbst bestimmen, traut ihm zu, dass er für sich selbst einstehen kann.
Bartimäus hätte ja auch antworten können: Ich habe genug vom Betteln, und du kannst sicher machen, dass ich jeden Tag genug zu essen habe. . Aber er antwortet nicht so, er will sein Leben selber in die Hand nehmen, seinen Teil dazu beitragen, Verantwortung übernehmen.

Kapelle St. Michael Winterthur, 21. Dezember 2008 Lk. 1, 26-38

Liebe Gemeinde

Gott sandte den Engel Gabriel zu Maria, einer jungen Frau, und der sagte: Sei gegrüsst, Maria, der Herr ist mit dir; er hat dich zu Grossem ausersehen. Dass Maria über diesen Gruss erschrak und sich überlegte, was er bedeuten soll, ist nachvollziehbar, nicht wahr.
Maria war verlobt. Und von daher, denke ich, ihre Zukunft geklärt: Heirat, Kinder, Familienleben, zusammen mit Josef, ihrem Mann.
Und da hinein der Gruss des Engels und seine Botschaft: Gott hat dich zu Grossem ausersehen.
Da ist plötzlich alles anders.
... zu Grossem ausersehen. Das tönt doch nach viel Leistung erbringen, viel Anstrengung, viel Arbeit. 100'000 Gedanken, und alle gleichzeitig, gehen einem dabei durch Kopf und Herz, noch bevor man etwas konkretes weiss.
Eigentlich kennen wir solche Situationen auch: Eine ungeplante Schwangerschaft fordert die Betroffene heraus, alles noch einmal neu zu überdenken. Die Anfrage der Geschäftsleitung, für 3 Jahre die Aufbauarbeit im Ausland zu übernehmen, lässt einem vieles bedenken.

Gott hat dich zu Grossem ausersehen. Maria erschrak und überlegte. Vielleicht war sie ja auch einen Moment lang sprachlos. Und da hinein sagte der Engel: Hab keine Angst. Du hast Gnade bei Gott gefunden. Du wirst schwanger werden und einen Sohn gebären. Er wird gross sein und Sohn des Höchsten genannt werden.
Eigentlich müsste Maria doch jetzt antworten: Das will ich ja sowieso: Josef heiraten und mit ihm zusammen Kinder haben.
Aber nein, Maria reagiert ganz anders. Sie fragt den Engel, wie das denn zugehen soll. Dadurch gibt sie dem Engel die Möglichkeit, vom Geist Gottes

zu sprechen, dessen Kraft das Wunder vollbringt und zu sagen, dass ihr Sohn heilig und Sohn Gottes genannt wird.

Maria fragt nicht, was denn mit Josef sei, was sie jetzt tun soll, nein, sie sagt: Ich gehöre dem Herrn, ich stehe ihm ganz zur Verfügung.

Was in diesem, eigentlich kurzen Gespräch zwischen dem Engel Gabriel und Maria geschehen ist, dauert bei uns manchmal Jahrzehnte lang.

Ich meine, dieses nicht mehr fragen müssen, dieses Vertrauen, dieses Akzeptieren, dieses sich Gott ganz zur Verfügung stellen, dieses äs chunnt scho guet.

Vielleicht denken sie jetzt, dass eine Engelsbegegnung sie anders vertrauen liesse, weil er, der Engel, ihnen Gewissheit gäbe.

Vielleicht denken sie jetzt, dass sie doch arbeiten müssen, um Geld zu verdienen, denn das Leben ist teuer. Nun, das sollen sie auch. Maria lebte ihr Leben auch weiter, jedoch mit einer anderen Haltung: Ich gehöre dem Herrn. Ich stehe ihm ganz zur Verfügung. Es soll an mir geschehen, wie er es vorgesehen hat. Und - so ist es dann gut.

Das kann doch für uns heissen: Bleiben, wo wir sind. Oder - aufbrechen. Oder - nein sagen. Oder - ja sagen. Heisst auf jeden Fall, das tun, was uns die Stimme in unserem Herzen eingibt. Damit geschieht, was Gott an Grossem mit uns vorgesehen hat.

Kapelle St. Michael Winterthur, 3. Februar 2013 Lk. 2, 22-39

Liebe Gemeinde

Im Gesetz Gottes heisst es: Wenn das erste Kind, das eine Frau zur Welt bringt, ein Sohn ist, soll es dem Herrn gehören.
Maria und Joseph also gingen nach Jerusalem in den Tempel und trafen die Vorbereitungen, um ihren kleinen Buben Gott zu weihen. Da tauchte plötzlich der alte Simeon auf und nahm das kleine Kind in seine Arme.
Es heisst von ihm, er sei ein frommer Mann gewesen, der sich treu an Gottes Gesetz hielt.
Doch nun respektierte er den Moment der Weihe nicht, sondern nahm das Kind aus Marias Armen in die seinen.
Im heutigen Evangeliumstext heisst es, er sei vom Heiligen Geist erfüllt gewesen.
Ob wir das heute Jemandem, der im Gottesdienst dazwischen kommt, also eigentlich stört, auch sagen würden?
Ich glaube eher, wir würden dafür Worte verwenden wie: Krank, ungspürig, völlig daneben.
Aber ich denke, es war weit herum bekannt, dass Simeon und Hanna zum Tempel gehörten.
Der kleine Jesus in Simeons Armen. Und er preist Gott.
Was hat sich wohl vor den Augen des Simeon abgespielt? Wir wissen nur, dass er den kleinen Jesus gesehen hat. Ein 40 Tage altes Kind. Doch er hat erkannt, dass Gott nahe ist. Seine Augen haben gesehen und verstanden, dass das, was sie sehen, das Rettende ist. Nun hat er Frieden gefunden und ist bereit, zu sterben. Zwischen ihm und seinem Gott ist nun alles in Ordnung. Gott hat ihm geschenkt, worauf er lange gehofft hat.
Vielleicht hat Simeon ein Leuchten auf dem Gesicht des Kindes gesehen oder so etwas wie einen Heiligenschein. Vielleicht erfüllte ihn der kleine

Jesus in seinen Armen mit Wärme und unermesslicher Zuversicht. Wir wissen es nicht. Der Bibeltext lässt das Geheimnis stehen. Doch die Augen des Simeon werden betont. Sie haben gesehen. Darum ist Simeon restlos glücklich.

Auch Hanna, eine betagte Prophetin, kommt hinzu. Auch sie preist Gott und dankt für das Licht, das sich allen Völkern zeigt. Auch sie ist glücklich. Von ihr wird gesagt, dass sie allen von dem Kind erzählte, die auf Rettung warteten.

Jesus, das Licht der Menschen, für die Menschen.

Jesus, das Licht der Welt, für die Welt.

Wünschen wir nicht Menschen in Trauer, in Leid, in Zweifel, Hoffnungslosigkeit und Unglück - Licht?

Und wenn sie gerade jetzt Jemandem Licht wünschen, dann zünden sie doch jetzt eine Kerze an.

Christuskirche Oerlikon, 8. Juli 2007 Lk. 6, 47-49

Liebe Gemeinde

Was nennt ihr mich immerzu Herr, wenn ihr doch nicht tut, was ich euch sage?
Ob diese Frage von Jesus vorwurfsvoll klang, eher seufzend oder gar verzweifelt?
Ob Jesus diese Frage heute noch immer so stellen würde?
Trifft diese Frage überhaupt noch zu, weil wir doch leben, was Jesus gesagt hat, oder ist Jesu Lehre überholt?
Wer zu mir kommt und meine Worte hört und sich nach ihnen richtet - ich werde euch zeigen, wem er gleicht: Er gleicht einem Menschen, der ein Haus baute und dabei tief grub und die Fundamente auf Felsengrund legte. Als das Hochwasser kam, prallten die Wellen gegen das Haus, aber es blieb stehen, weil es so fest gebaut war.
Haben sie genau hingehört?
Jesus sagte nicht, dass es, weil das Haus auf Felsengrund gebaut war, kein Hochwasser gibt. Das Fundament verschont den Besitzer, die Besitzerin nicht vor Hochwasser. Doch damit nicht genug, nein: Das Hochwasser prallt auch noch gegen das Haus.
Wie viel Gewalt, wie viel Vernichtung Wasser und Sturm haben können, nun, das erleben wir hin und wieder, hören davon oder sehen Bilder in Zeitung und Fernseher.
Nur, was hat das mit uns zu tun?
Nun, das Haus ist ein Vergleich mit uns Menschen. Jesus erzählte viel in Bildern und in Geschichten. Jesus sagte: Wer zu mir kommt, meine Worte hört und sich nach ihnen richtet, ist wie ein Haus, dessen Fundament auf tiefem Felsengrund steht.

Sich nach Jesu Worte richten, Jesu Worte leben - was heisst das? Was heisst das für sie ganz persönlich?
Ich möchte ihnen einen Moment Zeit geben, um darüber nachzudenken.

Welche Wörter, Gedanken, Bilder, bewegten sie?
Leben - und Gott vertrauen, ihm zutrauen, mit ihm rechnen, ihn DA glauben und nicht irgendwo in weiter Ferne, mit ihm im Gespräch sein, das sein darf klagend, anklagend, staunend, bittend, dankend, das ist das Fundament auf dem sich gut leben lässt.
Und wenn dann das Hochwasser kommt? Und damit nicht genug. Es kommt der Sturm und peitscht es hoch.
Was war, oder was ist Hochwasser mit Sturm , also eine bedrohende Situation für sie?
Ich möchte ihnen noch einmal einen Moment Zeit geben, um darüber nachzudenken.

Ja, nicht wahr, solches machte oder macht Angst. Vielleicht droht gar Verzweiflung über Tage, Wochen, Monate.
Auch wenn das Fundament des Hauses noch so tief, das Haus noch so solide gebaut ist, wenn das Hochwasser dagegen peitscht, fürchtet man sich.
Denken sie nur an Petrus, der Jesus auf dem Wasser entgegen gehen wollte und dabei zu versinken drohte, und dem Jesus die Hand entgegen streckte, als er angstvoll um Hilfe rief.
Menschen, die Jesus vertrauen, haben ein Gegenüber, das DA ist.
Und die Gott-losen Menschen? Diejenigen, die kein Fundament haben, die ihr Haus einfach auf das Erdreich stellten?
Nun, auch die leben. Genau so gut wie die anderen, bis, ja, bis der Sturm das Hochwasser ans Haus peitscht. Und dann?

Kapelle St. Michael Winterthur, 21. Oktober 2007 1. Könige 19, 8b-13a
Lk. 9, 18-22

Liebe Gemeinde

Staunen oder stolpern sie über Jesu Frage: Für wen halten mich eigentlich die Leute?

Was, wenn Jesus sie fragen würde: Für wen halten sie mich? Wie würden sie antworten? Mit einem verlegenen Lächeln? Stotternd? Mit einem nachdenklichen Stirne runzeln? Nähmen sie Zuflucht zu Gelesenem, auswendig Gelehrtem von damals? Würden sie ein paar mal leer schlucken? Vielleicht würde Jesu Frage an uns heute anders lauten. So in dem Sinn: Was bedeute ich dir? Was bin ich für dich?
Hilft ihnen der Glaube an Jesus in ihrem Leben?
Was gibt ihnen der Glaube an Jesus in ihrem Leben?
All diese Fragen, das heisst, eher die Antworten, haben etwas mit ihrem Gottesbild zu tun.

Für wen halten mich eigentlich die Leute, fragte Jesus seine Jünger.
Einige halten dich für den wieder auferstandenen Täufer Johannes, antworteten sie.
Warum denn das?
Nun, Viele meinten, dass Jesus die Sache von Johannes dem Täufer aufgenommen habe, der die Menschen aufgefordert hat, sich zu verändern und der ihnen genau sagte, wie sie sich verhalten müssen. Johannes hatte damit ja nicht Unrecht. Nur - das Gottesbild, das er damit vermittelte, war ein eher drohendes und strafendes. So in dem Sinn: Auf der Waagschale der Gerechtigkeit wird Gott das Herz prüfen und dann - wehe den Bösen.

Für wen halten mich eigentlich die Leute?
Nun, Andere halten dich für den wieder gekommenen Elija.
Warum denn das?
Elija kämpfte gegen die Verehrung des Gottes Baal und gegen die politische Unterdrückung. An einem einzigen Nachmittag brachte Elija 400 Baalpriester mit seinem Schwert um. Hofften Menschen, er, also Jesus, würde den Römern, die das Land regierten und sie unterdrückten, vertreiben?
Dieses Gottesbild ist ein gewalttätiges.

Für wen halten mich eigentlich die Leute?
Noch Andere meinen, Jesus sei einer der alten, auferstandenen Propheten.
Nein, von Königen und Machthabern und Priestern und Gegenpropheten liessen sich Propheten und Prophetinnen nicht beeindrucken. Sie hörten auf Gott und lebten, was er ihnen eingab.
Ein Vertrauen erweckendes Gottesbild, nicht wahr.

Doch damit nicht genug.
Jesus wollte auch wissen, für wen seine Jüngerinnen und Jünger ihn hielten.
Ob Petrus im Sinne Aller antwortete? Er sagte: Für Christus, den von Gott versprochenen Retter.
...den von Gott versprochenen Retter für uns Menschen, damit wir endlich Menschen werden, die sich Gott gegenüber verpflichtet fühlen.

Jesus verbot den Jüngerinnen und Jüngern, irgend Jemandem davon zu sagen. Dies wirkt im ersten Augenblick befremdend, nicht wahr.
Was bedeutet ihnen Jesus?
Es darf ihr Geheimnis bleiben, es darf aber auch, auf Grund von Erfahrung, wachsen und reifen. Und solches gilt es zu schützen. Nur - leben sollen sie als Mensch, verpflichtet Gott gegenüber.

Christuskirche Oerlikon, 9. September 2007 1. Kor. 12, 3-11
Lk. 10, 38-42

Liebe Gemeinde

Weißt du, sagte kürzlich eine jüngere Frau zu mir, eigentlich möchte ich schon... aber ich fürchte das Gerede der Nachbarinnen und Nachbarn.
Und, nun ja, wenn man bedenkt, dass die so oder so reden, nun - da macht sich bei mir Unverständnis breit und die Frage taucht auf: Verhindern wir denn durch das Gerede den Lebensfluss unserer Mitmenschen?
Ja, nicht wahr, geredet ist schnell, verurteilt auch, doch nachfragen, warum Jemand etwas tut, halt eben so tut, wie wir es nicht verstehen, nein, nachfragen, das tun wir nicht.
Es ist schon eigenartig mit uns Menschen, nicht wahr.
Da sind auch die beiden Frauen, Marta und Maria. Widerspiegeln sie nicht auch einen Teil unseres Lebens? Sind wir nicht manchmal hin- und hergerissen zwischen dem, was wir gerne tun würden und dem, was wir tun sollten, was von uns erwartet wird?
Wagen sie zu urteilen über das, was gerade in jenem Moment, als Jesus mit seinen Jüngerinnen und Jüngern bei den Schwestern vorbei kam, wichtiger ist?
Ist es das Tun Martas, die Gastfreundschaft lebte, oder ist es das Tun Marias, die Jesus zu- hörte?
Ob Maria Schuldgefühle hatte, weil sie ihrer Schwester nicht in der Küche half, sondern Jesus zuhörte?
Ob Marta auch lieber zugehört hätte, anstatt in der Küche zu stehen und Essen und Getränke vorzubereiten? Ich glaube ja, denn warum sonst hätte sie sich bei Jesus über Maria beschwert?

Mit seiner Antwort: Marta, Marta, du machst dir viele Sorgen und Mühen. Aber nur eines ist notwendig. Maria hat das Bessere gewählt, das soll ihr nicht genommen werden, dünkt mich, weise Jesus sie nicht zurecht, sondern unterstütze sie darin, das zu leben, was sie möchte, unterstütze sie in ihren Gefühlen, ihnen zu trauen und nähme ihr dadurch das Pflichtgefühl, die Arbeit tun zu müssen.

Ja, nicht wahr, wir Menschen denken einander in Rollen und sind erstaunt, enttäuscht, je nach dem halt, wenn sich der Mensch, die Menschen anders benehmen, anders leben, als wir es ihnen zugestehen.

Immer wieder werden Frauen und Männer in Rollen gedrängt und leben diese dann oft unbewusst, wie Marta.

Marta, Marta, du machst dir viele Sorgen und Mühen. Aber nur eines ist notwendig: Lass dir deine kleine Welt mit ihren Erwartungen aufsprengen und vergiss dich selbst. Und du wirst den guten Teil finden: Das Leben.

Leben ist dort, wo man sich selbst vergisst, aus sich heraus kommt, die aufgezwungene Rolle aufgibt.

Rollen leben ist etwas sehr beengendes. Oft, und das erschreckt mich, merken wir nicht einmal, in welcher Rolle wir uns verstecken, in welche Rolle wir gedrängt wurden und, wir erfüllen sie ja auch noch.

Maria hat das Bessere gewählt, ist eine Einladung Jesu an alle Martas, und ich glaube, auch wir können uns mit ihr mehr oder weniger identifizieren, das Einengende, Aufreibende des Rollenspiels zu beenden und sich dem Leben zuwenden.

Maria hat das Bessere gewählt, ist eine Ermutigung für Maria und alle von uns, die sich in ihr wieder erkennen, sich vom eingeschlagenen Weg der Freiheit nicht abbringen zu lassen.

Ich möchte ihnen noch ein Gebet von Lothar Zanetti lesen:

Worauf sollen wir hören, sag uns, worauf?
So viele Geräusche – welches ist wichtig?

So viele Beweise – welcher ist richtig?
So viele Reden – ein Wort ist wahr.

Wohin sollen wir gehen, sag uns wohin?
So viele Termine – welcher ist wichtig?
So viele Parolen – welche ist richtig?
So viele Strassen - ein Weg ist wahr.

Wofür sollen wir leben, sag uns wofür?
So viele Gedanken – welcher ist wichtig?
So viele Programme – welches ist richtig?
So viele Fragen – die Liebe zählt.

Christuskirche Oerlikon, 14. August 2005 Psalm 34, 2-11

Lk. 11,27+28

Liebe Gemeinde

Freuen dürfen sich alle, die Gottes Wort hören und es befolgen.
Alle, die Gottes Wort hören und es befolgen, dürfen sich freuen. Alle, die Töchter und Söhne geboren und aufgezogen haben, für sie das beste wünschten und es dann doch nicht gut kam. Alle, deren Leben und Werte kaum mit dem Christentum zu tun hatten, die dann irgendwann davon abliessen und nun versuchen, Gottes Wort zu befolgen.
Niemand braucht eine Leistung vorzuweisen, wie jene Frau aus der Menge meinte, indem sie zu Jesus sagte: Die Frau, die dich geboren und aufgezogen hat, wie darf die sich freuen.
Und wie entlastend ist doch Jesu Antwort: Freuen dürfen sich alle, die Gottes Wort hören und es befolgen.
Wenn ich in der Zeitung Nachrichten lese wie kürzlich über den Piloten,der den Befehl zum Abwurf der ersten Atombombe über Hiroshima gab, dann denke ich dabei auch an seine Mutter. Ich weiss nichts über sie, aber aus Jesu Antwort entnehme ich, dass sie nicht haftet für das Tun ihres Sohnes, und wenn sie Gottes Wort hörte und es befolgte, darf sie sich freuen.

Wenn die Frauen und Männer, deren Söhne und Töchter, ich sage es jetzt sehr allgemein, Verbrechen begangen haben, dürfen sie sich, wenn sie Gottes Wort hören und es befolgen, freuen.
Ja, nicht wahr, Jesu Worte bleiben nicht im hier und jetzt, sie weisen weiter.
Gottes Wort hören und es leben.
Ich gehe davon aus, dass sie an Gott glauben und dass sie ihr Leben göttlich sehen. Und deshalb bin ich sicher, dass, wenn sie sich Zeit nehmen, Einsichten, Begebenheiten, Begegnungen, Ereignisse auftauchen, die ihrem

Leben eine andere Wendung gaben, als sie sich vorgestellt, als sie geplant hatten.
Solches, dünkt mich, sei Gottes Wort, Gottes eingreifen ins Leben. Dies dann noch befolgen, kann befreiend sein, braucht unter Umständen aber auch viel Energie, Widerstandskraft, bedeutet vielleicht auch Ungewissheit, Angst.
Gottes Wort hören und es befolgen, heisst nicht, dass es für alle das selbe ist, heisst auch nicht, dass es ein ganzes Leben lang so bleiben muss, denn Gott ist ein Gott der Lebenden, und es kann sein, dass für sie morgen etwas anderes gilt als noch heute.
Wer ihm gehorcht, heisst es im heutigen Psalm, kennt keine Not. Und - wer zum Herrn kommt, findet alles, was er, was sie nötig hat. Alle, die Gottes Wort hören und es befolgen, umgibt sein Engel mit mächtigem Schutz und bringt sie in Sicherheit.
Spüren sie sie, die Sicherheit, die Geborgenheit, das aufgehoben-sein in Gott?

Amen.

Augustinerkirche Zürich, 30/7/06 Lk. 13, 6-9

Liebe Gemeinde

Ein Feigenbaum in einem Rebberg!
Nur, der Besitzer denkt an seinen Profit. Seit drei Jahren wartet er auf Feigen, und jetzt muss der Baum umgehauen werden.
Etwas anderes gibt es nicht.
Heute werden ja die Hühner, die keine Eier mehr legen, auch getötet, und - früher gab es einmal einen Film, der hiess: Ursula, oder das unwerte Leben. Ursula war ein behindertes Kind.
Ich bin sicher, dass bei diesen Gedanken, wie ich sie eben äusserte, einiges ihnen bekannt vorkommt, und sie diese noch ergänzen könnten.
Ja, seit drei Jahren wartet also der Rebbergbesitzer auf Feigen. Nicht nur er, auch wir fragen uns doch manchmal: Was bringts?
Vom Schatten, den der Feigenbaum spendet, ist keine Rede. Das Profitdenken des Rebbergbesitzers lässt solche Gedanken nicht zu. Er gibt dem Gärtner den Auftrag, den Baum umzuhauen.
In welcher Rolle sehen sie Gott in diesem Gleichnis? In der des Weinbergbesitzers oder in der Rolle des Gärtners?
Der Gärtner als Pflegender, als Bewahrender, als Geduldiger. Er antwortet dem Besitzer: Lass den Baum doch noch ein Jahr stehen. Ich will den Boden rund herum gut auflockern und düngen. Vielleicht trägt er nächstes Jahr Früchte. Wenn nicht, dann lass ihn umhauen.
Hau den Baum um, denn seit drei Jahren warte ich vergeblich auf seine Früchte, er saugt ja nur den Boden aus, so sagt der Rebbergbesitzer.
Kam er denn nicht auf die Jdee, mit dem Gärtner darüber zu reden, was man tun könnte, versuchen wenigstens, damit der Baum Früchte hervor bringt?
Ja, nicht wahr, Profitdenken trübt die Sicht auf anderes.

Der Gärtner ist mit dem sofortigen umhauen des Baumes nicht einverstanden. Er will ihm eine sorgfältige Pflege zukommen lassen. Er will sich ihm besonders zuwenden. Ja, der Gärtner hofft.
In seinem Hoffen gleicht er jenen Menschen, die auf Trümmerhaufen singen, Flöte spielen, tanzen.
Jesus lässt offen, ob der Baum umgehauen wurde oder nicht. Was denken sie? Hoffen sie auch, dass der Baum noch ein Jahr stehen bleiben durfte und er, dank der guten Pflege, dann Feigen hervor brachte?
Hoffnung lässt leben.
Ich lade sie ein, sich ein wenig Gedanken über die Hoffnung zu machen: Da ist die Hoffnung auf Frieden, auf Gesund-werden, auf Verständnis, auf Arbeit, auf Asyl, auf...
Hoffnungslosigkeit treibt Menschen dazu, ich erlebe das hie und da, ihrem Leben ein Ende zu machen.
Regt sich jetzt Widerstand in ihnen. Ich meine, dass ich Hoffnungslosigkeit mit Realität verwechsle? Nun, der Gärtner im heutigen Evangeliumstext denkt anders. Und - wir hofften vorher doch auch, dass der Baum noch ein Jahr stehen bleiben darf.
Hoffen hat mit Gottvertrauen zu tun, mit mit-Gott-rechnen.
Und wenn der Gärtner schon für den Baum bittet
Und wenn Menschen für einander Gutes tun
Wie dann erst Gott!

Christuskirche Oerlikon, 14. Oktober 2007 Röm. 10, 1. 16-18

Lk. 13, 22-30

Liebe Gemeinde

Ich bin gestolpert. Nicht nur einmal, nein, sondern viele male. Und wer stolpert, bleibt stehen, dreht sich um und schaut zu Boden und sucht den Grund des Stolperns.

Ich bin gestolpert; über vieles in der heutigen Evangeliumslesung.

Sie auch?

Wenn der Hausherr aufsteht und die Tür abschliesst, werdet ihr draussen stehen, denn ihr habt es versäumt, das Rechte zu tun. Ihr seid ausgeschlossen! Ihr wusstet, dass die Tür zu Gottes neuer Welt eng ist und habt nicht darum gekämpft, Einlass zu finden.

Tja.

Obwohl es die selbe Aussage ist, möchte ich versuchen, aus zwei Sätzen, in abgeschwächter Form, einen Satz zu bilden: Ihr habt es versäumt, Gutes zu tun.

Ich bin sicher, dass sie nicht zu denen gehören, die versäumt haben, Gutes zu tun. Sie finden sich bestimmt in der Geschichte, die ich ihnen vorlesen möchte:

Einmal starb ein Ire ganz unverhofft. Nun stand er vor Christus. Der musste entscheiden, ob der Ire in den Himmel kommt oder nicht.

Noch viele Leute, grosse und kleine, waren vor dem Iren an der Reihe. Er bekam genau mit, was die einzelnen vorzuweisen hatten, und wie Jesus entschied.

Jesus schlug in einem dicken Buch nach und sagte zu dem ersten: Da steht: Ich hatte Hunger, und du hast mir zu essen gegeben. Bravo, ab in den Himmel.

Zum zweiten sagte er: Ich hatte Durst, und du hast mir zu trinken gegeben – und zum dritten: Ich war krank, und du hast mich besucht. Bravo, ab in den Himmel, ihr beiden.
Dann kam ein achtjähriger Junge. Zu dem sagte er: Hier steht: Keiner wollte etwas mit mir zu tun haben. Du aber hast mich zum Mitspielen eingeladen. Bravo, ab in den Himmel. Und zu einem zehnjährigen Mädchen sagte Jesus: Hier steht: Alle haben mich beschimpft, du aber hast mich verteidigt. Bravo, ab in den Himmel.
Bei jedem, der so in den Himmel befördert wurde, machte der Ire Gewissenserforschung, und jedes mal kam ihm das Zittern. Er hatte keinem etwas zu essen gegeben oder zu trinken, und Kranke hatte er nicht besucht und Schwache nicht verteidigt. Wie würde es ihm ergehen, wenn er vor Jesus dem König stehen würde?
Und dann war er auch schon an der Reihe. Er blickte auf Jesus, der in seinem Buch nachschlug, und zitterte vor Angst. Dann blickte Jesus auf. Da steht nicht viel geschrieben, aber etwas hast du auch getan, und der Ire meinte zu beobachten, dass Jesus dabei schmunzelte. Hier steht: Ich war traurig, enttäuscht, niedergeschlagen – und du bist gekommen und hast mir Witze erzählt. Ab in den Himmel. Und der Ire machte einen Freudensprung durchs Himmelstor.

Ja, und dann sind da noch die Ersten, die die Letzten sein werden, und die Letzten, die die Ersten sein werden.
Wer sind die Ersten in ihren Augen, wer die Letzten?
Sind, ganz allgemein gesprochen, die Ersten - die Angesehenen?
Sind die Letzten, ganz allgemein gesprochen - die Armen?

Immer etwa wieder kommt eine Bettelnde zu mir. Sie erzählt mir so ungefähr jedes mal das selbe. Ich glaube ihr nicht alles und spreche sie auch darauf an. Nun, sie lässt sich nicht abbringen von ihren Behauptungen. So war es

auch kürzlich. Und als sie mir zum Abschied die Hand gab, sagte sie: Sie haben kalt. Unter dieser meiner Jacke habe ich noch zwei weitere angezogen. Möchten sie eine davon?
Dass die Frau wahr nahm, dass mich fror und mir Wärme anbot, nun, das ist genau das, was Jesus den Menschen sagte, als diese vor der verschlossenen Türe standen, klopften und Einlass begehrten: Ihr habt versäumt, wahrzunehmen, zu handeln, Gutes zu tun.
Amen.

Christuskirche Oerlikon, 2/8/09 Psalm 121

Lk. 16, 9-13

Liebe Gemeinde

Woher wird mir Hilfe kommen?
Von dem Geld, das ich gespart habe, oder von Gott?
Sind sie einem Satz aus der Evangeliumslesung nachgehangen? Oder sind sie über etwas gestolpert? Sind, während des Zuhörens, Fragen aufgetaucht und sofort wieder vergessen gegangen, weil sie zuhören wollten?
Mich dünkt, der zuerst und zuletzt gelesene Vers gehören zusammen. Und, es ist ein Gebot darin enthalten: Wie umgehen mit dem Geld. Ich lese ihnen diese beiden Verse noch einmal vor: Ich sage euch, forderte Jesus seine Jüngerinnen und Jünger auf, nutzt das leidige Geld dazu, durch Wohltaten Freundinnen und Freunde zu gewinnen. Wenn es mit euch und eurem Geld zu ende geht, werden sie euch dafür eine Wohnung bei Gott erschaffen. Kein Diener kann zwei Herren zugleich dienen. Er wird den einen vernachlässigen und den anderen bevorzugen. Er wird dem einen treu sein und den anderen hintergehen. Ihr könnt nicht beiden zugleich dienen: Gott und dem Geld.
Diese beiden Verse helfen leben, nicht wahr. Denn, was macht das Leben lebenswert?
Ist es eher das Zusammenraffen von Besitz und Geld oder eher Freundschaften, Begegnungen mit Menschen?
Das Zusammenraffen von Besitz und Geld lässt einem , ich möchte das einmal so ausdrücken, über Leichen gehen.
Das Zusammenraffen von Besitz und Geld lässt rücksichtslos werden, hart, Leben vernichtend, lässt verarmen und kann bei den Mitmenschen Furcht auslösen.
Gerade vorgestern traf ich beim Einkaufen ein befreundetes Ehepaar. Das Thema, über das wir sprachen, wie könnte es anders sein, war die

Schweinegrippe. Die Frau sagte: Wenn wir einander nicht einmal mehr küssen und die Hand geben dürfen, sondern einen Meter Abstand von einander brauchen, sterben wir an dieser Kälte. Und wenn wir nur noch Angst vor dieser Grippe haben, bekommen wir sie ganz bestimmt.
Jesus sagte nichts gegen das Geld, wenn man es einsetzt für Gutes, wenn man es nicht zusammen rafft und darob blind wird ob all der Not.
Vor ein paar Jahren habe ich einen Film gesehen. Er spielte in der Schweiz während des 2. Weltkrieges. In einer Schweizer Fabrik hörten die Arbeitenden von den unterernährten Kinder, ich glaube von Frankreich. Sie waren sich schnell einig, gingen zum Chef, teilten ihm ihre Betroffenheit mit und sagten, sie möchten jeden Tag, ich weiss nicht mehr, vielleicht ¼ Stunde Überzeit machen, unbezahlt, und dieses Geld zur Verfügung stellen, damit, ein Teil wenigstens, dieser Kinder für Ferien in die Schweiz kommen kann.
Hinsehen, sich berühren lassen, versuchen zu helfen, das ist das, wozu Jesus uns aufruft.
Und heute? Ja, es gibt Menschen, die hinschauen, sich berühren lassen, sich zusammentun und sich für das Notwendende einsetzen. Ja, und da bin ich sicher, auch sie unterstützen mit ihrem Geld so eine Organisation. Wahrscheinlich kennen sie die Menschen nicht, denen mit ihrem Geld geholfen wird, und so bleibt die Freundschaft, von der Jesus sprach, aus. Aber dankbar werden die Menschen sein für die Hilfe. Und sehen sie, das ist das, was Jesus meinte mit der Wohnung, die sie für sie bei Gott erschaffen. Ja, die wird erschaffen durch das Wohlwollen, die Dankbarkeit, die Liebe, die Andere für uns empfinden, weil wir ihnen Gutes tun.
Woher wird mir Hilfe kommen? So fragt der Psalmist im 121. Psalm. Meine Hilfe kommt vom Herrn, der Himmel und Erde gemacht hat. Und das sollst du wissen: Gott gibt immer auf dich acht und sorgt für dich und bewahrt dein Leben und beschützt dich auf all deinen Wegen.
Können sie solches auch vom Geld sagen?

Augustinerkirche Zürich, 13. August 2006 Lk. 16, 19-31

Liebe Gemeinde

Was regte sich in ihnen, als sie den Evangeliumstext hörten?
Gleichgültigkeit, weil sie ihn schon kennen? Weil sie nichts mit ihm anfangen können?
Genugtuung, Befriedigung? Weil da bestätigt wird, was sie glauben, hoffen: Denen, die hier leiden, geht es nach dem Tode gut?
Schadenfreude, weil die Reichen, Hartherzigen ihre Strafe bekommen?

Mir ist nicht wohl bei diesem Text. Obwohl er in der Bibel steht, kann ich einfach nicht glauben, dass Jesus das so gesagt haben soll. Dieser Text, dünkt mich, unterstütze die Abkehr vom Leben ins Leiden. Und Jesus verherrlichte das Leiden ganz bestimmt nicht!
Stellen sie sich vor, sie hätten Schmerzen, seien verzweifelt, traurig, würden gequält von Existenzproblemen, wüssten weder ein noch aus und jemand käme und sagte: Das ist doch nicht so schlimm! Freue dich! Denn wenn du gestorben bist, geht's dir dafür besonders gut.
Solches ist billig und man fühlt sich unverstanden, nicht ernst genommen.

Was regte sich in ihnen, als sie den heutigen Evangeliumstext hörten?
Widerspruch? Wut? Zweifel? Machte sich ein Unbehagen breit?
Jesus ermöglichte Leben. Und deshalb ging er manchmal hart um mit den führenden Männern, also den Schriftgelehrten und Pharisäern, die sehr streng darauf achteten, dass alle Gebote und Gesetze eingehalten wurden und die unter anderem verhinderten, am Sabbat Gutes zu tun.

Sie wissen, Jesus war sehr viel unterwegs in seinem Leben. Dabei sah er viel Elend in den Städten und Dörfern, in den Gassen und Hütten und auf

Plätzen: Witwen und Waisen, für die niemand sorgte, Krüppel, Blinde, Gelähmte, Aussätzige und solche, denen die Hunde die Wunden schleckten, weil sie zu schwach waren, sie zu verscheuchen.
Solchem begegnen wir heute nicht mehr, was aber nicht heisst, dass es das nicht mehr gibt.
Auf wessen Kosten sind die Leute reich?
Ich will mich nicht darüber auslassen, denn es gibt viele Reiche, die Gutes tun, deren Herz sich berühren lässt von all dem Elend in der Welt. Diese Reichen sind im heutigen Evangeliumstext auch nicht gemeint.
Es ist die Gier, die angeprangert wird. Die Gier nach immer noch mehr, die den Blick auf das Wesentliche verdeckt und das Herz verhärten lässt und die an nichts anderes mehr denken lässt.
Ich stelle mir vor, dass solche Leute bereits hier, und nicht erst nach ihrem Tod, Qualen leiden, dürsten, und es durch ihre Gier in ihren Herzen brennt und schreit und sie nicht zur Ruhe kommen und ein Graben klafft zwischen ihnen und anderen, der nicht zu überwinden ist.

Im heutigen Evangeliumstext bittet der Reiche um Mitleid. Und dies wird ihm versagt.

Als Jesus ans Kreuz genagelt wurde, bat er: Vater, vergib ihnen, denn sie wissen nicht, was sie tun. Und als ihn einer der Verbrecher, die neben ihm am Kreuz hingen, bat: Denke an mich, antwortete Jesus: Noch heute wirst du mit mir im Paradies sein.

Das Mitleid, die Vergebung, die dem reichen Mann versagt wird, dünkt mich gnadenlos. Und ich glaube an einen gnädigen Gott. Sie auch?
Erzählte Jesus die Geschichte wirklich so, wie sie in der Bibel steht, oder eher wie das folgende russische Gleichnis?

Jemand, wie der reiche Prasser, war in die Unterwelt verbannt. Und er litt furchtbare Pein und Not, und er flehte zu Gott, dass er gerettet würde. Da solls geschehen sein, dass eine arme Frau vom Himmel her ein Seil herunter liess, an dem eine Zwiebel hing. An diesem Seil kletterte der Mann empor, und er erinnerte sich, dass er, der in seinem ganzen Leben niemals etwas Gutes getan hatte, einer Bäuerin, fast wie nebenher, eine Zwiebel zugeworfen hatte, weil er in seinem Korb keine Verwendung mehr für sie fand. - Auch nur ein einziges mal gut gewesen zu sein, vermag eine ganze Welt zu ändern und unser ganzes Leben dafür offen zu halten, dass Gott daran anknüpfen möge.

St. Anna Kirche Schaffhausen, 8. August 2010 Lk. 18, 9-14

Liebe Gemeinde

Zwei Menschen. Der eine ein Pharisäer. Also einer, der sich mit Gottes Wort und den Geboten auseinander setzt und sie in Form von Gesetzen den Leuten weitergibt und darauf bedacht ist, dass diese sie auch einhalten
Der andere ein Zolleinnehmer. Und diese verlangten den Leuten, die ihre Waren innerhalb der Stadtmauern verkaufen wollten, zuviel Geld, damit sie sich ein eigenes Haus und vielleicht sogar Bedienstete leisten konnten.
Weder Zolleinnehmer noch Pharisäer waren gerne gesehen.
Und jetzt gehen sie in den Tempel. Beide beten.
Der eine bedankt sich und zählt dann auf, was er alles unterlässt: Unrecht, rauben, betrügen, die Ehe brechen und zählt auf, was er alles Gutes tut.
Ist es nicht so, dass wer Gutes tut und das auch bekannt macht, anerkannt und geliebt wird?
Ich gönne jener pharisäischen Person ihr Leben, das so ist, dass sie alle Gebote einhalten kann, dass sie das hat, was sie zum Leben braucht. Nur, ist das ein Grund, Andere zu verachten?

Wir haben auch, was wir zum Leben brauchen, nicht wahr: Ein Dach über dem Kopf, genügend Wasser, heisses Wasser auch, ein Bett, und wir müssen nicht Hunger leiden. Nur, ist dies für uns ein Grund, Andere, die das nicht haben, gering zu achten? Nein, ganz bestimmt nicht.
Ist dies ein Grund, aufzuzählen, was wir alles an Gutem tun, wie es jene pharisäische Person tat?
Nein, aber es ist ein Grund zum Staunen und Danken.
Diejenige Person, die am Zollhaus arbeitete, blieb von weitem stehen und wollte nicht einmal die Augen zum Himmel erheben, sondern schlug an ihre Brust und sprach: O Gott, versöhne dich mit mir, ich habe gesündigt.

Jesus stellt diese Person, die betrügt, besser dar als die sogenannt gerechte. Jesus manipuliert uns. Wir sind nicht mehr objektiv. Fraglos übernehmen wir Jesu Haltung.
Wenn der Zolleinnehmer schon weiss, dass er sündigt, warum ändert er dann sein Leben nicht?
Vielleicht muss er ja, nebst seiner Familie, auch noch für den Unterhalt seiner alten Eltern aufkommen, für seine Schwester, die behindert ist, für seinen Bruder, der keine Arbeit hat.
Wir dürfen auf keinen Fall mit unseren Wertvorstellungen messen, denn das ist gefährlich und führt zu Verurteilungen. Genau das ist es nämlich, was Jesus in diesem Gleichnis anprangert.

Da ist auch noch der letzte Satz im heutigen Gleichnistext: Wer sich selbst erniedrigt, wird erhöht werden. Mir macht dieser Satz Mühe. Ihnen auch?
Ich meine nicht, dass es richtig ist, sich auf Kosten Anderer gross zu machen, zu bluffen. Aber ich meine, dass wir als Gottes Ebenbilder aufrecht hinstehen dürfen und sollen.
Dass es schwer und schwierig ist, gerecht zu sein, das wissen wir alle, und auch, dass uns das bei weitem nicht immer gelingt.
Es ist das, was Jesus in diesem Gleichnis anprangert, das meinen, gerecht zu sein, das meinen zu wissen,wie das Leben gelebt werden soll und andere dafür zu verachten, dass sie es aus ihrer Lebenssituation heraus nicht können.
Gerechtfertigt ging jene Person, die im Zollhhaus arbeitete, in ihr Haus.
Das ist Befreiung!
Gerechtfertigt, befreit und aufrecht dürfen wir, als Töchter und Söhne Gottes, unser Leben leben.

Christuskirche Oerlikon, 19. November 2006 Weisheit 11, 22-12,2

Lk. 19, 1-10

Liebe Gemeinde

Ich bin gekommen, sagte Jesus zu den Menschen, ich bin gekommen, um zu suchen und zu retten, was verloren ging.
Wenn Jesus gekommen ist, um zu suchen, dann muss ja auch etwas oder einiges verloren gegangen sein.
Was, denken sie, könnte das sein?
Etwa -die Unterscheidung zwischen mein und dein?
die Ehrlichkeit?
die Anteilnahme?
die Sorgfalt mit dem, was uns anvertraut worden ist?

Ob wohl auch bei uns persönlich etwas oder gar einiges verloren gegangen ist? Um herauszufinden, ob dem so ist und was verloren ging, braucht es wohl einige Zeit, und deshalb mache ich ein paar Beispiele:
Die Neugier? Weil sie dachten, das geziemt sich nicht?
Die Hilfsbereitschaft? Weil sie zu oft zurück gewiesen wurden?
Die Spontaneität? Weil ihnen daraus ein Strick gedreht wurde?
Die Unbeschwertheit? Weil Sorgen übergross sind?
Die Fröhlichkeit? Weil Probleme sich häufen?
Das Engagement? Weil ja doch alles nichts nützt?
Das Lachen? Einfach, weil es gar nichts mehr zum Lachen gibt?
Die Freude? Es ist ja alles nur noch dunkelgrau.
Mich dünkt es schlimm, wenn das alles verloren gegangen ist bei den Menschen. Ohne all das - wie arm ist doch das Leben.
Jesus sucht und rettet und befreit.

Wie steht es im Buch der Weisheit? Du erbarmst dich über alle, weil du alles vermagst. Alles schonst du, weil es dir gehört, du Macht, die das Leben liebt. Deine unvergängliche Geistkraft ist in allen. Du bestrafst die, die eine Bosheit begehen, nur leicht, damit sie sich von der Bosheit abwenden und zum Vertrauen auf dich gelangen, Gott.

Gottvertrauen lässt Unbeschwertheit zu, lässt Fröhlichkeit aufkommen, Neugierde auch auf das, was das Leben für einem noch bereit hält.

Ich bin gekommen, um zu suchen und zu retten, was verloren ging, sagte Jesus.

Die heutige Evangeliumslesung berichtete über Zachäus.

Ich möchte mich einen Moment lang bei ihm aufhalten.

Es heisst, dass er klein gewachsen war und er deshalb auf einen Maulbeerbaum stieg, damit er Jesus sehen konnte. Glauben sie das? Den Grund, meine ich, weshalb er auf einen Baum kletterte. Er war doch der Oberzöllner und, da bin ich sicher, die Menschen hätten ihm gerne Platz gemacht, damit er zuvorderst hätte stehen können um Jesus zu sehen, wenn er vorbei ging. Er, Zachäus, wäre ein angesehener, gerngesehener Mann gewesen, wenn... Ja, er war ein Betrüger. Er verlangte von den Leuten zu viel Geld, und darum mieden sie ihn. Na ja, wer will denn schon ausserhalb des Geschäftsbereichs mit einem solchen zu tun haben.

Und Zachäus wusste das. Deshalb eilte er voraus. Niemand brauchte zu sehen, wie er auf einen Baum kletterte. Er wollte sehen, nicht gesehen werden.

Und Jesus? Nun, sie haben es gehört: Jesus blieb vor dem Baum stehen und sagte zu ihm: Komm schnell herunter. Denn heute muss ich in deinem Haus bleiben.

Was war es, das Zachäus bewog, die Hälfte seines Vermögens den Armen und das vierfache des erpressten Geldes den Betroffenen zurück zu geben?

Im Buch der Weisheit steht: Du erbarmst dich über alle, damit sie umkehren können.

Jesu Erbarmen.

Ihn erbarmte Zachäus, weil er durch sein Verhalten, durch seine Betrügereien, von der Gemeinschaft ausgeschlossen worden war.

Denken sie jetzt, dass er daran ganz alleine schuld war? Denn, er hätte ja nicht…

Wie schnell sind wir doch bereit zu urteilen, Menschen zu verurteilen.

Was ist es alles, das wir aus verschiedenen Gründen nicht mehr leben? Was ist es alles, das verloren ging?

Doch du, Jesus, erbarmst dich über alle, damit sie umkehren können.

Kapelle St. Michael Winterthur, Ostersonntag 2007 Lk. 24, 1-10

Liebe Gemeinde

Das Grab war leer, als die Frauen am frühen Sonntagmorgen kamen. Ja, Christus ist auferstanden. Er ist wahrhaft auferstanden.
Was denken sie dabei, wenn sie dies hören, darauf antworten?
Nichts? Kommt die Antwort automatisch, weil diese seit Jahren eingeübt worden ist und sie sie auswendig kennen? Und - weil wir Christi Auferstehung an Ostern feiern? Weil sie nicht glauben können, dass das wirklich geschehen sein soll und vor allem, wie das hätte zugehen können?
Das Grab, die Grabhöhle, in die Jesus drei Tage zuvor gelegt worden war, war leer.
Stellen sie sich einmal eine Grabhöhle vor. Oder auch ein Grab, wie wir es kennen von unseren Friedhöfen. Da tauchen Bilder von Enge auf und Dunkelheiten, nicht wahr. Eigentlich ist das keine gute Vorstellung.
Nun, wie oft in ihrem Leben mussten sie sich solchem, ich meine Angst machendem, einengendem, schon stellen? Sei es Krankheit, Kündigung, dem Scheitern einer Beziehung, dem in-die-Brüche-gehen einer Freundschaft, dem abgewiesen-werden, dem eingebunden-sein in starre Umstände, dem gefangen-sein in Traditionen, dem nicht-leben-dürfen, was in ihnen angelegt ist.
Sie wissen selbst am besten, von wie vielem sie bedroht wurden, was alles sie am Leben hinderte.
Und - was fühlten sie, als dies abfiel von ihnen, der Bericht gut war, sie Schritte wagten, sie zu leben begannen?
Welche Worte dafür fanden sie? Oder begannen sie zu jubeln, zu tanzen, verstummten sie vor Ergriffenheit? Lösten sich all die Tränen, die sich aufgestaut hatten? Machte sich ein Staunen breit? Fanden sie Worte für ihre Dankbarkeit?

Dieses Finden des Lebens, dieses Zurückfinden ins Leben ist Ostern, ist Auferstehung.

Und nun sagen sie nicht, sie hätten solches noch nie erlebt.

Fröhliche Ostern!

Christuskirche Luzern, 11. Januar 2009 Joh.2, 1-11

Liebe Gemeinde

Ganz bestimmt hörten sie diese Evangeliumslesung heute nicht zum ersten mal. Und vielleicht haben sie ja auch schon darüber gelacht und gewitzelt von wegen der Verwandlung von Wasser in Wein.
Aber abgesehen davon ist da eine Frau, Jesu Mutter Maria, die entdeckt und darum zu ihrem Sohn sagt: Sie haben keinen Wein mehr.
Sie erwartet seine Hilfe und rechnet fest damit. Dadurch macht sie sich zur Anwältin, zur Fürbittenden der Hochzeitsgesellschaft, der Festgemeinschaft.
Jesus reagiert schroff: Frau, das ist meine Sache, nicht deine. Meine Stunde ist noch nicht gekommen.
Frau, sagt er, und nicht Mutter. Damit wird der leiblichen Mutterschaft kein besonderer Wert beigemessen.
Maria könnte sich nun beleidigt zurückziehen, doch sie geht zu den Dienern und sagt: Tut alles, was er euch befiehlt.
Spürte Maria, dass sich etwas Grosses anbahnte? Oder wusste sie es sogar? Sie gab ja, nach Jesu Zurechtweisung, nicht einfach achselzuckend auf, sondern wandte sich an die Diener: Was er euch sagt, das tut. Sie vertraut darauf, dass Jesus handeln wird, lässt aber offen, wie das auszusehen hat.
Sie haben keinen Wein mehr. Maria stellt nur fest.
Wie ist das bei uns? Doch kaum so, nicht wahr. Denn allermeistens bitten oder bestürmen wir Gott um dieses oder jenes und meinen, wir wüssten besser, was wir brauchen, was es sein soll.
Und dann war Jesu Stunde plötzlich da. Er musste es auch gespürt haben, wehrte sich, aus seiner Reaktion zu schliessen, noch einen Moment dagegen, bevor er dann „ja“ dazu sagte.

Glauben sie diese Verwandlung von Wasser in Wein?

Oder haben sie eher Mühe damit?

Glauben sie sie, weil sie in der Bibel steht?

Ich denke, es ist gar nicht so wichtig, ob sie diese Verwandlung glauben oder nicht.

Wichtig jedoch scheint mir, dass sie selber, am eigenen Leib, im eigenen Denken Verwandlung erleben, staunend und dankbar.

Ich bin sicher, dass sich in ihrem Leben schon einiges verwandelt, gewandelt hat: Auf Grund von Erlebnissen - ihr Gottesbild.

Zukunftssorgen, Vorausängste - in Leichtigkeit.

Und Hadern und Klagen verwandelten sich in Vergebung.

Und da war doch gerade noch eine Wand, vor der man stand, und plötzlich öffnete sich eine Türe.

Das alles sagt sich so leicht, ich weiss. Wenn man jedoch drin steckt, in den Ängsten, den Sorgen, dem Unrecht, das einem angetan wurde und man nicht mehr ein noch aus weiss, tja, dann ist das ganz schwierig auszuhalten, durchzustehen und auch noch zu vertrauen, dass die Stunde, die Zeit kommen wird.

Aber dann! Aber dann!

Wenn die Zeit da ist, wenn die Stunde da ist, dann wird einem alles geschenkt. Da ist dann nur noch Staunen und Dankbarkeit.

Marias Hoffnung und Vertrauen in Jesus erfüllte sich über alle Massen. Es wurde mehr und besser als vorher.

Und dieses Mehr als vorher, das wünsche ich ihnen auch.

Augustinerkirche Zürich, 9. Oktober 2005 Joh. 9, 24-39a

Liebe Gemeinde

Die Pharisäer schlossen den Mann, den Blindgeborenen, der von Jesus sehend gemacht worden war, von der Synagogengemeinde aus.
Ich vermute, dass sie damit ihre Macht demonstrieren wollten. Denn ein Mann, der Fragen stellt, ist für sie, wegen seiner Unverblümtheit, seiner Ehrlichkeit, vielleicht sogar wegen seiner Aufsässigkeit, unbequem.
Auch heute noch, vielleicht auch heute wieder, wird Frauen und Männern die Arbeitsstelle gekündigt, wenn sie sagen, was Sache ist, wenn sie hinweisen auf Ungerechtigkeit, wenn sie durch ihre Fragen die Vorgesetzten nerven.
Solches ist wahrlich zum Verzweifeln und das Rufen, Bitten um Gottes Beistand oft noch der einzige Ausweg, die einzige Hoffnung.
Der Mann, ausgeschlossen von der Synagogengemeinde, traurig vielleicht deswegen, wird von Jesus aufgesucht.
Jesus fordert ihn nicht auf, über das Verhör zu reden, nicht über seine Gefühle, seine etwaigen Pläne, sondern fragt ihn: Hast du Vertrauen zum Menschensohn?
Was ist es, das trägt, das hält, wenn plötzlich alles anders ist? Dann, wenn Hab und Gut durch Feuer oder Wasser zu nichte gemacht werden? Dann, wenn eine Krankheit lähmt? Dann, wenn eine Beziehung in Brüche geht? Dann, wenn...?
Was ist es, das dann noch trägt, das dann noch hält?
Haben sie Vertrauen zum Menschensohn?
Vertrauen zu Jesus, zu Gott, heisst auch, mit ihm hadern, seufzen, klagen, anklagen, und dann hoffen und vertrauen.
Und Vertrauen löst gute Gedanken und Energien aus und macht Dankbarkeit und Staunen Platz.

Ich weiss, das alles braucht viel länger als einen Tag, als eine Woche. Ja, ein solcher Prozess kann Jahre dauern. Und dies gilt es auszuhalten, diese Spannung also zwischen Himmel und Erde.
Aus tiefer Not, Gott, schreie ich zu dir. Lass doch deine Ohren aufmerksam werden auf das, was mich bedrückt. Höre doch, was ich dir erzähle, was ich dir klage.
Ich sehne mich danach, dass du mir hilfst, Gott. Denn du rettest mich aus meiner Not. Du nimmst von mir, was mich quält und lässt mich zur Ruhe kommen.

Ich bin in diese Welt gekommen, sagte Jesus, damit die Blinden sehend und die Sehenden blind werden.
Wäre der Blindgeborene blind geblieben, hätte er nicht erfahren, wie lebensverneinend die Pharisäer sein können.
Wäre der Blindgeborene blind geblieben, hätte er wohl kaum geglaubt, dass Sehende blind sein können, einfach, weil sie zu fixiert sind, zu Machtbesessen, zu stur, zu eng.
Sehend sein dürfen heisst auch: wahrnehmen von Gefühlen, empfänglich für Freuden, beweglich sein, lebensbejahend, zuversichtlich, weit.
Und so wünsche ich ihnen, dass sie sehend durch diesen Sonntag gehen.

Christuskirche Oerlikon, 15. Mai 2011 Joh. 10. 1-10

Liebe Gemeinde

Ein schönes, ja, ein heiles Bild taucht da auf, nach dieser Evangeliumslesung, nicht wahr. Der Türhüter öffnet die Tür, und die Schafe hören die Stimme der Hirtin, des Hirten, und folgen ihr, folgen ihm hinaus. Jedes Schaf wird mit seinem Namen gerufen, und jedes Schaf findet Weide, Leben und Überfluss.
Ein schönes, ja ein heiles Bild ist aufgetaucht, nicht wahr. Aber nur, dünkt mich, wenn wir diesen schwierigen Text in unserem Herzen bewegen. Denn sobald wir mit dem Verstand daran heran gehen, tauchen Diebe und Räuberinnen auf und Irreführung und Angst.

Gott sei Dank gibt es Hirtinnen und Hirten. Dieses Bild weckt Vertrauen, nicht wahr.

Wir müssen aber nun Jesu Rede, Jesu Geschichte übersetzen. Ob die Leute damals auf sich bezogen, was er von den Schafen erzählte, weiss ich nicht. Jedenfalls steht, dass die Leute ihn nicht verstanden haben.
Jesus sagt von sich, er sei Hirte und Tür. Und auch: Ich bin gekommen, dass alle Leben und Überfluss haben. Das heisst, dass alle finden, was sie zum Leben brauchen.
Nur - sind unsere Ängste, unsere Vorausängste - Leben?
sind unsere finanziellen Sorgen - Leben?
sind unsere Machtgelüste - Leben?
sind unsere Rachegedanken - Leben?
ist unser Misstrauen - Leben?
Nein, da haben sie recht, solches ist kein Leben. Doch manchmal halt taucht all das auf in uns, nicht wahr. Aber gut geht's uns dabei nicht.

Und doch sagt Jesus: Ich bin gekommen, damit alle Leben und Überfluss haben. Und wenn dem einmal nicht so ist, dann gilt es, an die Türe zu klopfen uns Jesus beim Wort zu nehmen.

Vorgestern, beim nach-Hause-Fahren mit dem Auto, hatte ich das Radio eingeschaltet. Da sang ein Mann für eine Frau: Dir zuliebe gibt es mich. Ist das ein wunderbarer Satz! Dir zuliebe gibt es mich.
Da ist Einer, der mich gewollt hat für dich. Da ist Einer, der dich so sehr liebt, dass er mich wegen dir geschaffen hat.
Diese Liebe!
Was wollen wir noch mehr?
Ich bin der Hirte, sagte Jesus, ich bin die Tür. Er hätte auch sagen können: Dir zuliebe gibt es mich, damit du Leben und Überfluss hast, einen Ort, wohin du gehen kannst, Einer,der dich begleitet, dem du vertrauen kannst, dessen Stimme du kennst.

Kapelle St.Michael Winterthur, 16. März 2008 Sach. 9, 9+10
Palmsonntag Joh. 12, 12-19

Liebe Gemeinde

Immer etwa wieder sage ich: Das habe ich nicht gewusst.
So war es auch, als ich vor einiger Zeit ein Büchlein las, es beruht auf Tatsachen, mit dem Titel: Das Geburtsverhör. Die Geschichte spielt in einem Baselbieter Dorf. Es lebten dort vor allem Bauern mit ihren Familien und den Mägden und Knechten. Damals war es so, dass arme Leute nicht heiraten durften.
Damit hatten auch die Eltern ein Druckmittel in der Hand. Ihre Töchter und Söhne mussten tun, was sie von ihnen verlangten, forderten, denn sonst drohte ihnen die Gefahr, dass sie von den Eltern verstossen wurden, ausgeschlossen aus der Familie. Und das bedeutete Armut, und die Folge davon war das Eheverbot.
Seit Zeiten schon leben die Menschen in Familien, Stämmen, Gemeinschaften, Gruppen. Natürlich gab und gibt es Eremiten, Einsiedlerinnen und Menschen mit einer psychischen Erkrankung, die als Einzelgängerin, als Einzelgänger bezeichnet werden. Aber über die möchte ich jetzt nicht reden.
In Familien, Gemeinschaften, Stämmen, Gruppen gibt es Gebote, Gesetze, Spielregeln, Richtlinien, Abmachungen und Traditionen. Ohne diese würde ein Zusammenleben nicht funktionieren. All das kann Halt geben, aber eben auch einschränken. Vielen wird dadurch die Möglichkeit genommen, den eigenen Weg zu gehen. Ja, Unheil kann dadurch angerichtet werden, denn die Masse nimmt keine Rücksicht auf die Freiheit des Gewissens Einzelner. Und wer ausbricht, die Schublade verlässt, in die man eingeordnet wurde, wird sehr oft als schwarzes Schaf bezeichnet, er, sie schlägt aus der Art. Von wem sie, von wem er das nur hat?

Jesus ist auf dem Weg nach Jerusalem. Und die Menschen jubeln ihm zu: Gepriesen sei Gott! Heil dem, der in seinem Auftrag kommt! Heil dem König Israels! Doch Jesus widerstand diesem Jubel. Ihm war bewusst: Wenn ich dem nachgebe, bedeutet das Verrat. Verrat an sich selbst und an Gottes Reich. Unter Reich Gottes, unter erlösen der Menschen meinte Jesus mehr als das ende der römischen Herrschaft, mehr als das Vertreiben der Besatzer in Israel, mehr als die Wiederherstellung eines Königreiches, wie es unter David war.
Jesus ging es um das Heil der Menschen und nicht um das Wohl der Masse, deren Stimmung sofort umschlägt, wenn es anders kommt, als diese meint.
Denken sie doch einmal an ein Fussballspiel. Da wird eine Mannschaft angefeuert von der Masse. Und es ist genau die selbe Masse, die zu pfeiffen und zu fluchen beginnt, wenn diese Mannschaft verliert. Es ist die selbe Masse, die einen hochleben lässt oder gewalttätig wird.
Ja, und es war die selbe Masse, die Jesus hochleben liess und 5 Tage später schrie: Kreuzige ihn! Ja,
Jetzt Zweige in den Händen, und dann den Essigschwamm. Jetzt Hymnen auf den Lippen, und dann Hohn und Spott. Jetzt begeisterte Zustimmung im Herzen, und dann Hass und Ablehnung.
Gott, wie wankelmütig sind wir doch. Wie eine Fahne im Wind.
Gib uns festen Stand, Mut und Kraft und Treue und Hingabe.
Nimm uns die Angst vor den anderen. Lass uns mit Jesus Christus gehen und dem göttlichen Leben verpflichtet sein.

Kapelle St. Michael Winterthur, 20. April 2008 Joh. 14, 1-12

Liebe Gemeinde

Ich bin der Weg, sagt Jesus von sich. Was fangen sie mit diesem Satz an?
Ich bin der Weg. Und dieser Weg führt zum Vater.
Erschreckt nicht und habt keine Angst. Vertraut auf Gott und vertraut auch auf mich.
Wenn wir aufbrechen, uns auf den Weg machen, dann haben wir einen Grund dazu, nicht wahr, und sei es nur, uns an der frischen Luft zu bewegen.
Und vielfach haben wir ja auch ein Ziel.
Und das Ziel über alle Ziele hinaus sollte der Ort sein, wo Gott ist, sollte sein: Heimkehren zu Gott, der der Vater von uns allen ist. Und ich bin der Weg, der dorthin führt, sagt Jesus.
Auf diesem Weg sind wir unser Leben lang. Manchmal stolpern wir, zweifeln, werden nachdenklich, bleiben stehen, verlieren den Boden unter den Füssen, weichen vom Weg ab, gewinnen Einsichten, gehen weiter, anders weiter vielleicht.
Ich bin der Weg. Und auf diesem Weg ist weder Finsternis, noch Knechtschaft und auch nicht Tod.
Verstehen sie?
Thomas und Philippus verstanden nicht. Sie baten Jesus um etwas handfestes, etwas konkretes.
War denn Jesu Leben nicht etwas handfestes, konkretes? Ich meine, wie er sich einsetzte für die Kranken, die Benachteiligten, die Unterdrückten? Ich meine, wie er versuchte, Leben zu ermöglichen, ohne wenn und aber, zu befreien von Schuld und Rollen, und der sich bewegen und erschüttern liess und auf Gott vertraute.

Ich bin der Weg. Jesus hätte auch sagen können: Ich bin der Massstab, ich bin die Richtschnur.

Welches von diesen drei ist ihnen am sympatisten?

Gott ist ein menschenfreundlicher Gott, der will, dass wir zu ihm finden. Dafür hat er uns den Weg bereitet. Jesus.

Wenn sie von zu Hause aufbrechen, benutzen sie die Strasse, die zu ihrem Ziel führt, damit sie dort ankommen, wohin sie wollen.

Zu Beginn der heutigen Lesung, es ist eine der Abschiedsreden Jesu, steht der Satz von den vielen Wohnungen im Hause des Vaters, die Jesus für uns bereit macht. Es ist ein beliebter Text an Beerdigungen. Diese Vielzahl der Wohnungen gibt ein gutes Gefühl, nicht wahr und weckt die Hoffnung, dass es für alle einen Platz geben wird im Himmel. Und mehr noch: Da wird die Zuversicht genährt, dass wir in der Ewigkeit Individuen mit unseren Bedürfnissen bleiben dürfen.

Jesus ist der Weg dahin. Das heisst, wir sollten versuchen, ein Jesusähnliches Leben zu führen und Mensch, Mitmensch, Nächste, Nächster sein. Und ab und zu anhalten.

Max Feigenwinter schreibt:

Dann und wann anhalten, stehen bleiben, mich hinsetzen, zurückschauen, voraussehen, in mich hinein hören und prüfen, ob ich auf dem richtigen Weg bin.

Amen

Augustinerkirche Zürich, 12. Mai 2013 Joh. 14, 15-21

Liebe Gemeinde

Wenn ihr mich liebt, werdet ihr meine Gebote befolgen. Und wer meine Gebote annimmt und sie befolgt, der liebt mich wirklich.
Wenn ich sie nun nach Jesu Gebote frage, was kommt ihnen in den Sinn?
Hmm nein, es sind eben nicht die 10 Gebote aus dem alten, dem jüdischen Testament.
Könnten es denn Teile aus der Bergpredigt sein?
Ja, dem ist so, aber auch, was Jesus uns vorgelebt hat: Erbarmen, Güte, Gnade, Barmherzigkeit.
Jesu Forderungen, seine Aufgaben für uns aus der Bergpredigt sind: Salz und Licht sein für die Welt, lieben, auch unsere Feinde und beten für die, die uns verfolgen, nicht zweien Herren dienen, uns nicht sorgen und nicht verurteilen, beten und vertrauen.
Gerade jetzt ist es einfach, diese Sätze zu lesen - und gerade jetzt ist es einfach, diesen Aufgaben, diesen Forderungen zuzuhören und ihnen zuzustimmen, nicht wahr. Nur, draussen, vor der Kirchentür, in unserem Alltag, ist das alles nicht mehr so einfach.
Salz und Licht sein für die Welt. Lieben, auch unsere Feinde und beten für die, die uns verfolgen. Nicht zwei Herren, also Gott und dem Geld, dienen. Uns nicht sorgen und niemanden verurteilen. Beten und vertrauen.
Wenn ihr mich liebt, sagte Jesus, werdet ihr meine Gebote befolgen.
Doch wenn unsere Sorgen, unsere Ängste, manchmal auch unsere Wut, überhand nehmen, ist das dann ein Zeichen dafür, dass wir Jesus nicht mehr lieben?
Jesus wurde in seinem Leben hier doch auch wütend. Denken sie nur daran, wie er die Händler aus dem Tempel vertrieben hat.
Jesus hatte doch auch Angst. Denken sie an ihn im Garten Gethsemane.

Und wie schnell sind wir doch bereit, über andere zu urteilen.
Irgendwie tröstlich, dass es anderen auch so geht, nicht wahr. Das alles tut doch dem Beten und Vertrauen keinen Abbruch.
Jesu Gebote einhalten ist manchmal schwierig.
Jesus sagte uns zu, den Vater zu bitten, uns an seiner Stelle den Heiligen Geist zu senden, der für immer bei uns bleibt. Und dies, diese Zusage, lässt vertrauen. Ja, wir sind begleitet, nicht allein gelassen, auch wenn wir dies nicht immer spüren.
Es ist Muttertag, heute.
Mich dünkt, der heute Evangeliumstext lasse sich vergleichen mit den Müttern und ihren Kindern.
Ganz bestimmt lieben die Kinder ihre Mutter. Ihre Väter natürlich auch.
Und trotzdem, wie oft seufzen Eltern. Wie schwierig Kinder und Jugendliche doch sein können! Die Liebe aber, die Eltern mit ihren Kindern verbindet, hört deswegen nicht auf. Auch dann nicht, wenn Jugendliche Mist gebaut haben. Natürlich kommt es vor, dass deswegen Kontakte abgebrochen werden. Doch auch da: Die Hoffnung bleibt, die Erinnerung an damals, und die Liebe.
Jesus und wir.
Die Mütter, die Väter, und ihre Kinder.
Ich wünsche ihnen einen wunderschönen Tag und das Vertrauen, dass der Heilige Geist uns begleitet und stärkt.

Christuskirche Oerlikon, 17. Mai 2009 Joh. 15, 12-17

Liebe Gemeinde

Ich habe euch erwählt und dazu bestimmt, dass ihr Frucht tragt.
Fühlen sie sich angesprochen? Oder gar überfordert damit?
Welch ein Auftrag! Welch eine Verantwortung auch!
Welches sind denn die Früchte, die wir tragen sollen, und aus was heraus reifen die?

Nun, jede Frucht, soweit mir bekannt, trägt in sich Kerne, einen Stein zur Vermehrung. Und wenn dann alles stimmt, gibt es neue Bäume mit eben Früchten dran.

Die Grundbedingung, dass auch wir Frucht bringen, stimmt bei uns. Denn so sagt Jesus: Ihr seid meine Freundinnen und Freunde und ich habe euch erwählt. Liebt einander, wie ich euch geliebt habe.
Auserwählt sein zum lieben, zum Frucht bringen. Ist das nicht erst einmal ein wunderbarer Gedanke?
Lieben. Ein grosses Wort, nicht wahr.
Möchten sie es vielleicht ersetzen? Nur, was könnte passen? Wohlwollen? Ehren? Gärn-ha?
Wie dem auch sei, wir dürfen lieben: uns selbst, unsere Mitmenschen, unsere Mitwelt. Und diese, unsere Liebe, lässt in Anderen Früchte reifen. Wahrscheinlich nicht sofort, aber mit der Zeit. Wer von ihnen hat nicht schon erlebt, dass Jemand sagte: Damals, als du gesagt hast... Sie mir so offen und freundlich begegnet sind... Sie mir vertraut haben... An mich geglaubt haben... Zu mir gestanden sind... Sie sich für mich eingesetzt haben...
Lieben heisst auch verantwortlich sein, sorgfältig, achtsam und unser Gegenüber ernst nehmen.

Es gibt keine grössere Liebe, sagte Jesus, als das eigene Leben für seine Freundinnen und Freunde hinzugeben. Nun ja, mit dem Kopf können wir das vielleicht noch nachvollziehen, und doch regt sich bei einem solchen Gedanken Widerstand. Bei ihnen auch?
Aber wir können versuchen, das „eigene Leben hingeben" zu ersetzen mit „Zeit schenken". Das würde dann so heissen: Es gibt keine grössere Liebe, als sich Zeit nehmen für Freundinnen und Freunde, für Menschen mir Sorgen und Ängsten, Zeit nehmen für sich selbst auch, für das Gute, das Andere bereits begonnen haben und sie darin unterstützen und - fürs Beten. Und eigentlich, wenn ichs recht bedenke, ist dies alles auch „einen Teil unseres Lebens hingeben".
Wie gut tut es doch, Menschen zu begegnen, ihre Liebe zu spüren und sich davon umgeben zu wissen.
O ja, sie haben recht: Es gibt auch immer wieder Menschen, die das, diese Liebe also, diese Hinwendung, nicht annehmen können. Wie gehen sie damit um?
Mir hilft der Glaube, dass diese Liebe niemals vergebens ist, und dass jene Menschen nach ihrem Tod dieser Liebe dann wieder begegnen. Denn, wenn Gott, wie es im Alten Testament heisst, alle Tränen aufbewahrt, wie wird es da erst mit der Liebe sein!
Und, das wissen sie auch, waren schon damals, als Jesus noch auf der Erde lebte, nicht alle Menschen offen für seine Liebe, sein Wohlwollen, seine Menschenfreundlichkeit.
Es ist nicht immer leicht, in Jesu Spuren zu gehen. Doch hat er uns zugesagt, dass uns gegeben wird, worum wir Gott in seinem Namen bitten. Und ich glaube, wir dürfen ihn beim Wort nehmen.
Amen

Christuskirche Oerlikon, 1. Juni 2014 Psalm 27

Joh.15,18+19, 26-16,4a

Liebe Gemeinde

Irre werden an Jesus, weil er Unglück geschehen lässt. oder fragen: Warum lässt Gott das zu?

Im heutigen Evangeliumstext spricht Jesus von Hass, der uns trifft, weil wir nicht zu dieser Welt gehören, sondern versuchen, anders und anderes zu leben, also uns hinwenden zu den Menschen und sie nicht ausbeuten, aufmerksam und sorgfältig sind, uns einsetzen für die Würde und Unrecht beim Namen nennen.

Von Ausschluss aus den Synagogengemeinden ist die Rede und vom meinen, etwas Gutes zu tun, wenn sie Menschen umbringen. Nun, wir sind Christinnen und Christen und werden wohl kaum ausgeschlossen, weder aus der Kirchgemeinde, noch aus der Konfession. Und umgebracht von Fanatikern werden wir auch nicht, nur weil wir eine eigene Meinung haben, kritisch sind.

Aber ich habe es euch gesagt, sagte Jesus. Wenn es eintrifft, werdet ihr an meine Worte denken.

Jesus spricht von kommendem Unheil. Und solches haben wir doch alle schon erlebt, oder stecken gerade jetzt mittendrin, wie zum Beispiel ein Bekannter, dessen Frau seit einer Woche vermisst wird. Da tauchen schon Fragen auf, nicht wahr.

Fragen tauchen auch auf, wenn wir an Kriege und Naturkatastrophen denken.

Der 27. Psalm ist überschrieben mit: Geborgen bei Gott. Mich dünkt, es sei ein Jubelgesang. Und doch ist darin auch von Angst die Rede, von Gottesferne auch und von Verleugnung.

Doch David wird nicht irre. Trotz allem vertraut er auf Gott und bittet, bittet, bittet: Herr, höre mich, wenn ich dich rufe; hab doch Erbarmen und antworte mir! Ich erinnere mich an deine Weisung; du hast gesagt: komm zu mir! Darum suche ich deine Nähe, Herr. Verbirg dich nicht vor mir! Jag mich nicht im Zorn von dir weg. Du hast mir doch immer geholfen; lass mich jetzt nicht im Stich! Verstoss mich nicht, Gott, du mein Retter! Wenn auch Vater und Mutter mich verstossen; du Herr, nimmst mich auf.

Gott als letzte, als einzige Zuflucht.

Not - und Gott als Zuflucht haben.

Not - und irre werden an Gott.

Was Menschen in ihrem Leben doch alles aushalten, alles durchmachen müssen. Die einen beginnen deshalb an Gott zu zweifeln, zu verzweifeln, während die anderen zu ihm beten, ihn bitten und fragen und ihn beim Wort nehmen.

Ich habe kürzlich von einem Mann gelesen, der in einer Folterkammer eingesperrt war. Einmal ging die Tür auf, Licht kam herein, und da stand an der Wand mit Blut geschrieben: Gott tötet nicht.

Es gibt soo viele fanatische, gottlose Menschen.

Es gibt soo viele fantastische, gottvolle Menschen. Die gehören dann wie nicht in diese Welt, sagte Jesus, weil sie beseelt sind vom Helfer, von Gottes Geist, dem Geist der Wahrheit, wie Jesus sagte.

Und diese gottvollen oder eben von Gottes Geist erfüllten Menschen tun wohl, sind durch ihr so sein Zeuginnen, Zeugen von Jesus, lassen vertrauen auf ein weiterleben und Gottes Güte schauen, wie David betete.

Wir alle wissen aus eigener Erfahrung, dass es manchmal schwer und schwierig ist im Leben und es gilt, dies auszuhalten über Tage, Wochen, Monaten, Jahre gar, und man leicht irre werden könnte an Gott, man vielleicht seine Nähe nicht mehr spürt, weil er auf unsere Fragen keine Antworten gibt.

Ich wünsche ihnen, was sie sich selbst nicht geben können:

Wachsendes Vertrauen mitten in den Widersprüchen dieses Lebens, im Schweren, all den Fragen, den nagenden Zweifeln.

Christuskirche Oerlikon, 1. Mai 2011 Apg. 2, 42-47
Joh. 20, 19-23

Liebe Gemeinde

Gibt es in ihrem Leben etwas, oder sogar mehreres, das ihnen leid tut, das sie aber nicht mehr ungeschehen machen können?
Gibt s in ihrem Leben etwas, oder sogar mehreres, über das sie nicht hinweg kommen, das sie plagt, das immer wieder auftaucht?
Machen sie sich Sorgen, um, z.B. ihre finanzielle Situation, ihre Gesundheit, ihre Zukunft oder die ihrer Lieben, ihrer Nächsten?
Sind da Ängste, die sie nachts nicht schlafen lassen?
Sind da Zweifel, Fragen, die sie nicht loslassen, ja, schier an den Rand treiben?

Es war Abend geworden an jenem Sonntag. Jesu Jüngerinnen und Jünger sassen beisammen im Haus. Die Türen, heisst es, hatten sie verschlossen. Aus Angst. Abgeschlossene Türen. Verriegelte Türen.
Da musste etwas geschehen sein.
Es ist Abend des dritten Tages, nachdem Jesus ans Kreuz genagelt worden war. Drei Tage sind vergangen und zwei Nächte. Genügend Zeit also, um nachzudenken, was geschehen war und das eigene Verhalten dabei. Genügend Zeit, um mit einander darüber zu reden.
Angst trieb sie um. Angst vor der führenden Obrigkeit. Es war bekannt, dass sie Anhängerinnen, Anhänger von Jesus waren, und deshalb war es sehr wohl möglich, dass auch sie verhaftet und gequält würden.
Da war bestimmt auch die Angst vor dem ausgelacht werden, weil die Sache Jesu mit ihm am Kreuz gestorben war.

Aber auch Scham und Schuldgefühle quälten sie, weil ihnen wohl bewusst war, dass sie bei Jesu Verhaftung geflohen waren, Petrus ihn drei mal verleugnete und sie auch beim Kreuz nicht bei ihm standen.
Und dann ist da noch diese andere Sache: Die Grabhöhle, in der Jesus gelegen hatte, war leer. Die Frauen hatten ihnen im Auftrag des Auferstandenen darüber berichtet und von der Begegnung mit dem Engel. Unfassbar eigentlich. Dazu die Ungewissheit, ob sie verdächtigt würden, den Leichnam Jesu gestohlen und irgendwo anders hingelegt zu haben. Tja, all dies lässt kaum Platz zum Staunen und Fragen.
Gefangen im Haus mit verschlossenen Türen und in all den unguten Gefühlen.
Und da hinein kommt Jesus und sagt: Friede sei mit euch.
Da gehen Türen auf, nicht wahr. Da entspannt sich der verkrampfte Körper und man atmet aus und tief ein. Vielleicht, vielleicht kugeln Tränen der Erleichterung über das Gesicht. Und alles ist gut.
Friede sei mit euch.
Da ist kein Drohfinger von Jesus. Da sind keine Fragen, keine Schelte, kein Vorwurf und kein „ wir müssen darüber reden“, nur: Friede sei mit euch.
Dieses Friede sei mit euch, das Jesus seinen Jüngerinnen und Jüngern anbietet, nun, dies gilt auch uns.
In all das, was uns quält, sagt Jesus: Friede sei mit euch.
In all das, was uns plagt, sagt Jesus: Friede sei mit euch.
In all unsere Sorgen hinein gilt Jesu Wort: Friede sei mit euch.
Friede sei mit euch, und unsere Ängste, die uns lähmten, tuns nicht mehr, und wir können wieder schlafen.
In all unsere Fragen und Zweifel sagt Jesus uns zu: Frieden sei mit euch.

Vorgestern war Hochzeit in England. Ich habe sie nicht gesehen, ich habe keinen Fernseher. Stellen sie sich vor, welche Gedanken und Gefühle beim

Brautpaar ausgelöst worden wären, wäre Jesus plötzlich, trotz aller Sicherheitsmassnahmen, erschienen und hätte gesagt: Frieden sei mit euch.

Frieden mit Jeder und Jedem, in die je eigene Situation hinein. Dass sie diesen Frieden glauben, der Jesus ihnen zusagt und die Erleichterung spüren darob, das wünsche ich ihnen.

Kapelle St. Michael Winterthur, 19. April 2009 1. Joh. 5, 1 - 5
Joh. 20, 24-29

Liebe Gemeinde

Es fällt mir nicht schwer, als Nichtbetroffene zu fragen: Wer ist wirklich ungläubig in Bezug auf die heutige Evangeliumslesung?
Es steht zwar geschrieben, dass Thomas antwortete, als ihm die Jüngerinnen und Jünger erzählten, das sie Jesus gesehen haben: Niemals werde ich das glauben! Da müsste ich erst die Spuren von den Nägeln an seinen Händen sehen und sie mit meinen Fingern fühlen und meine Hand in seine Seitenwunde legen - sonst nicht.
Ja, wir reden vom ungläubigen Thomas. Und am Schluss der heutigen Lesung sagte Jesus auch zu ihm: Du glaubst, weil Du mich gesehen hast. Freuen dürfen sich alle, die mich nicht sehen und trotzdem glauben.
Glauben heisst vertrauen. Und von daher frage ich noch einmal: Wer ist denn ungläubig in der heutigen Evangeliumslesung?
Die Jüngerinnen und Jünger hatten sich eingeschlossen aus Angst vor den führenden Juden. Und als Jesus dann erschien, war Thomas nicht dabei. War er furchtlos, unverschämt sogar, oder wollte er provozieren, dass er sich nach draussen wagte? Wohin ging er wohl? Ja, er hat es gewagt, die Anderen und das sichere Haus zu verlassen. War es einfach Gedankenlosigkeit oder - Vertrauen?
Angst hatten sie, Jesu Jüngerinnen und Jünger, deshalb waren sie in einem Haus beisammen, mit verschlossen Türen und Fenstern.
Angst gehört zu jedem Menschen. Angst kann auch ein Schutzmechanismus sein, ist also nicht nur negativ.
Ja, sogar Jesus hatte Angst, damals im Garten Getsemani.

Angst - wer in einem Haus, einer Wohnung lebt und Türen und Fenster und Läden schliesst, sieht nicht mehr die Weite des Himmels, die Sterne der Nacht und verliert den Blick für das Andere.
Bevor ich glaube, sagte Thomas, muss ich erst die Spuren von den Nägeln an seinen Händen sehen und meine Hand in seine Seitenwunde legen.
Ja, wer sich auf das Leben einlässt, nicht wahr, kommt nicht unverletzt davon, wird vom Leben gezeichnet. Da sind zum einen körperliche Verletzungen, aber auch seelische: Eine unerwiderte Liebe zum Beispiel, ein zurück-gestossen werden, scheitern, Trauer, Ausbeutung.

Ist es nicht oftmals so, dass gerade solche Verletzungen die Sehnsucht nach Heil-sein wecken und uns dazu bewegen, uns für gewisse Dinge einzusetzen? Ist es nicht so, dass gerade solche Verletzungen uns empfänglich machen für Zeichen von Nähe und Zuwendung?
Ich will aber damit das Leid in keiner Art und Weise verherrlichen.
Ich müsste erst die Spuren von den Nägeln an seinen Händen sehen und sie mit meinen Fingern fühlen und meine Hand in seine Seitenwunde legen, sagte Thomas.
Ja, der Auferstandene trägt die Wundmale noch an seinem Körper und wird dadurch erkannt. Er ist von der Gebrochenheit gekenntzeichnet und ist zugleich der Beweis, dass das Leben stärker ist als der Tod.
Wer nicht in einem Haus, in einer Wohnung mit verschlossener Tür und zugeschlossenen Fenstern und Läden lebt, wird vom Leben gezeichnet. Davor kann auch Jesus uns nicht bewahren. Aber ich glaube, dass er uns beisteht, da ist, mit uns ausharrt und tragen hilft. Jesus, der uns durch den Tod zur Auferstehung voraus gegangen ist.

Christuskirche Oerlikon, 4. Juli 2010 Apg. 9, 1-20

Joh. 21, 14-19

Liebe Gemeinde

Saul, Saul, warum verfolgst du mich?
Saul schweigt.
Simon, Sohn von Johannes, liebst du mich?
Ja, antwortet Simon Petrus, du weißt, dass ich dich liebe.
Dann sorge für meine Lämmer. Dann leite meine Schafe.

Diese beiden Fragen haben mit Jesu Fürsorge zu tun. Jesus möchte, dass es uns gut geht.
Jesu Frage nach der Liebe zu ihm, die er Simon Petrus stellt, und den Auftrag, den er ihm nach dessen ja gibt, bedeutet Wohlwollen, Da sein für die Anderen.
Auch wir sind gerufen, berufen, aufgefordert, Jesu Liebe zu leben, da zu sein für unsere Mitmenschen, ihnen ab und zu einen wärmenden Umhang um die Schultern zu legen, so dass ihre Not gewendet wird.
Beide Geschichten, die wir heute hörten, sind, auf unterschiedliche Art, dünkt mich, Berufungsgeschichten.
Simon Petrus wird nach der Liebe gefragt und erhält sogleich einen Auftrag, während Paulus sich die Frage gefallen lassen muss: Saul, Saul, warum verfolgst du mich?
Er war radikal, der Paulus, und blieb es auch, so lange er lebte. War voller Wut den Jüngerinnen und Jüngern von Jesus gegenüber und den Anhängerinnen und Anhängern der neuen Lehre. In seiner Radikalität war er lieblos. Nur das althergebrachte war richtig, und es galt, dies zu erhalten, zu verteidigen, koste es, was es wolle.

Haben nicht wir alle auch einen winzig kleinen Teil davon in uns? Manchmal, wenn wir uns mit anderen Menschen unterhalten und nur noch schimpfen über die heutige Zeit, die heutige Jugend und uns das plötzlich bewusst wird, tja, so hoffe ich wenigstens, erschrecken wir.

Dieses Extreme des Saulus und Jesu Frage nach der Liebe des Simon Petrus, das sind Gegenüber.

Wie denn soll Gott wirken können, wenn nicht auch durch uns? Wie denn soll Gottes Reich werden, dieses Reich, das Liebe ist, wenn nicht durch uns?

Zum Mitbauen an seinem Reich sind wir berufen, unabhängig davon, wie unsere Biographie ist und egal, welche Charaktereigenschaften und Erbanlagen wir haben.

Denken sie an Simon Petrus, der Jesus bei seiner Gefangennahme drei mal verleugnete.

Denken sie an Saul-Paulus, der die nichtjüdischen Menschen verfolgte und sie gefangen nahm.

Der Verfolger-Saul wird durch sein Erlebnis vom Christusverfolger zum Christusverkündiger.

Ja, die Lebenswende des Saulus zeigt, dass Christus die Macht hat, auch den scheinbar unüberwindlichen, christusverachtenden Gegner in seinen Dienst zu nehmen, ihn zu seinem Werkzeug zu machen.

In meinem früheren Leben, sagen oft Menschen, und meinen: Vor meinem Unfall, meiner Heirat, meinem Auslandaufenthalt, also, vor einem Einschnitt in mein Leben, der viel Veränderung nach sich zog. Vielleicht kennen sie ja auch dieses Einteilen in ihrem Leben, dieses Davor und Danach.

Ja, und dann ist da auch noch Hananias. Mich beeindruckt er. Er tut nicht einfach, wozu er von Gott aufgefordert wird, auch wenn er sich ihm zur Verfügung stellt durch sein: Herr, hier bin ich, sondern er bringt seine Bedenken vor Gott. Erst nach Gottes Zusage macht er sich auf den Weg.

Saul schweigt, habe ich zu Beginn dieser Predigt gesagt. Schweigt er wirklich? Ist sein Beten und Fasten nicht auch eine Antwort?

Dann, nach drei Tagen, kam Hananias, legte ihm die Hände auf und sagte: Bruder Saul, der Herr hat mich gesandt, Jesus, der dir erschienen ist auf dem Wege, auf dem du kamst, damit du wieder sehend werdest und erfüllt werdest mit dem Heiligen Geist.

Kein Vorwurf. Keine Ermahnung. Keine Schuldzuweisung. Keine Vorwürfe.

Nichts.

Nur - Berührung und Heilung und Zuspruch.

Reich Gottes.

St. Peterskirche Zürich, Röm. 14, 1+2; 16-18

Ökumenischer Gottesdienst zur Amtseröffnung des Kantons- und Regierungsrates Zürich

Liebe Gemeinde

Im Brief an die Gemeinde in Rom geht es Paulus darum, die Gerechtigkeit Gottes als Ermöglichung von mit einander leben, darzustellen. Das heisst, wie können jüdische und nichtjüdische Menschen in der Gemeinschaft derer, die an Jesus Christus glauben, zusammen leben, zusammen essen und Aufgaben mit einander teilen?

Für ihn, Paulus, besteht die Freudenbotschaft darin, dass alle Völker mit einbezogen sind in die neue Welt Gottes.

Es ist die Gabe des Heiligen Geistes, schreibt er, die den Menschen neue Lebensmöglichkeiten eröffnet.

Und so schreibt er in den beiden ersten Versen des 14. Kapitels: Die unsicher sind in ihrem Vertrauen, nehmt in eure Mitte, damit es nicht zu Auseinandersetzungen kommt über ihre Zweifel. Die einen vertrauen darauf, alles essen zu können, die Unsicheren aber essen nur Gemüse. Wer isst, sollte die, die nicht essen, nicht verurteilen, denn Gott hat sie angenommen.

Und weiter, es sind die Verse 16-18:Bringt das Gute, das Gott euch geschenkt hat, nicht in Verruf. Denn Gottes Reich ist nicht Essen und Trinken, sondern Gerechtigkeit, Frieden und Freude im Heiligen Geist. Wer Christus mit einem solchen Leben dient, gefällt Gott und wird von den Menschen geachtet.

Gottes Reich also ist Gerechtigkeit.

Nur, was ist Gerechtigkeit?

Manchmal fühlen wir uns ungerecht behandelt, nicht wahr, und sagen das dann auch.

Nur, was ist Gerechtigkeit?
Wenn Alle gleich behandelt werden?
Einmal habe ich gelesen: Gerechtigkeit gibt es nur in der Hölle, im Himmel ist Gnade.
Paulus schreibt nicht von menschlichem Gerechtigkeitssinn, denn, und dazu sind wir Menschen auch fähig, Gerechtigkeit ohne Liebe wird zur berechnenden Gerechtigkeit und diese wird dann zur Gerechtigkeit mit Gewalt.
In der Bibel steht, dass Gott es regnen lässt bei den Gerechten und Ungerechten und auch die Sonne scheinen lässt über Gerechte und Ungerechte. Solches ist Gottes Gerechtigkeit, heisst, dass alle Menschen mit einbezogen sind in Gottes Gerechtigkeit, in seine neue Welt.
Und wir wagen noch immer zu urteilen, verurteilen, auszugrenzen.

Gerechtigkeit macht Gottes Reich, Gottes Welt aus. Bewirkt durch den Heiligen Geist, die heilige Geistkraft. Was heisst das jetzt für uns?
Wir alle sind Tempel des Heiligen Geistes. Und durch ihn ist uns aufgetragen, Gottes Gerechtigkeit, seine Liebe zu Allem, was ist, zu leben. Und das bedeutet ganz konkret: Schützen. Beschützen. In Schutz nehmen. Leben ermöglichend denken und handeln. Heisst Menschenfreundlichkeit, zugestehen von Würde und Freude und Wohlwollen.
Das Reich Gottes ist Gerechtigkeit im Heiligen Geist.
Das Reich Gottes
ist das Trotzdem gegen das Verzagen und heisst Aufrichten, bedeutet Hinwendung und unbeirrt das tun, was Gott uns zeigt und spüren lässt, auf dass sein Reich wird.

Kapelle St. Michael Winterthur, 7. März 2010 Eph. 5, 10-14
Joh. 8, 12-16

Liebe Gemeinde

Du, wach auf aus dem Schlaf und steh auf von den Toten. Und Christus wird dir aufleuchten.
Da ist von Gleichgültigkeit die Rede, von Resignation, Desinteresse, von der Haltung: Das geht mich nichts an, betrifft mich nicht, ich kann ja doch nichts ändern, nichts verändern, wozu haben wir denn die Politikerinnen und Politiker, sollen doch die...
Ja, Augen verschliessen und Erstarren.
Ist das Leben?
Kann mit einer solchen Haltung etwas verändert werden?
Öffne die Augen und werde lebendig. Schau hin, merke auf, und du wirst wissen, was getan werden muss, und du wirst spüren, wie du dich einsetzen kannst. Nicht weltweit - da, bei Nachbars, im Gespräch mit einem Menschen, oder - eine ältere, hinkende Frau mit einem Stock kam mir entgegen, an einem Arm eine Tasche angehängt. Bitte helfen sie mir, redete sie mich an. Nicht nur gute Gedanken rasten mir durch den Kopf. Ich blieb aber stehen. Die Tasche, sagte die Frau, meine Tasche, können sie sie mir ein wenig höher an den Arm hängen? Dabei lehnte sie ihren Stock an ein parkiertes Auto und zeigte mir ihre von Arthritis verkrümmten Finger an der einen Hand und die andere von Kinderlähmung zur Faust geformte andere Hand. Ich tat, worum sie mich gebeten hatte und fragte sie dabei, ob ich ihr die Tasche nach Hause tragen solle. Doch das wollte sie nicht.
Sei wach, und lass dich ansprechen und gib Licht weiter, damit es heller wird. Licht weiter geben heisst nicht, dass dann das gebende Licht weniger wird. Wenn ich von einer brennenden Kerze Licht nehme, brennt sie genau gleich weiter wie vorher. Es wird nur einfach heller.

Jesus ist das Licht für die Welt, und wir sind seine Nachfolgerinnen und Nachfolger, die nicht im Dunkeln tappen sollten. Eben, aufwachen aus dem Schlaf und aufstehen aus der Erstarrung. Dann sind unsere Gedanken vielleicht nicht mehr nur eingleisig, und unser Urteil, unsere Verurteilung macht Akzeptanz platz. Denn unsere Sicht ist eine andere geworden, und unser Leben lebt sich mit einer gewissen Leichtigkeit.

Ja, wir urteilen und verurteilen wirklich nach menschlichen Massstäben.

Jesus verurteilt nicht, und wenn, dann ist es auf Wahrheit gegründet und gültig, sagte er.

Wenn ich in Windeseile an Jesu Leben denke, kommt mir gar nichts in den Sinn, von dem ich sagen müsste: Da hat er Jemanden verurteilt. Er hat lediglich den Einen aufgezeigt, wie lebensfeindlich ihre Haltung, ihre Gebote sind, und die Anderen hat er in Schutz genommen. Es ist ein lebensfreundlicher Gott, den wir glauben, den wir versuchen zu leben.

Durch ihn, in seinem Licht können wir tun, wozu er uns berufen hat, wach und lebendig. Ich wünsche ihnen, dass Grünes den Asphalt durchbohrt, ein Lächeln den verschlossenen Mund öffnet, Licht den starren Blick durchdringt, versteinertes weich wird - und der Stein rollt - weg vom Grab.

Ich werde nun zu ihnen stehen, in den Mittelgang.

Ich nehme das Licht in mich hinein. Ich lasse das Licht mir leuchten, in meinem Kopf, in meinem Herzen, in meinem Bauch, in allen meinen Gliedern. Ich trage das Licht in die Welt hinaus, dass es dir leuchtet.

Friedhof Rosenberg Winterthur, 4. April 2010 Offb. 21, 10+11, 18-21

Auferstehungsfeier

Der Seher und Schreiber Johannes schreibt, es steht in der Offenbarungsgeschichte: Der Geist nahm von mir Besitz, und in der Vision trug mich der Engel auf die Spitze eines sehr hohen Berges. Er zeigte mir die heilige Stadt Jerusalm, wie sie von Gott aus dem Himmel herab kam. Sie strahlte die Herrlichkeit Gottes aus und glänzte wie ein kostbarer Stein, wie ein kristallklarer Jaspis.

Die Stadt selbst war aus reinem Gold erbaut, das so durchsichtig war wie Glas. Die Fundamente der Stadtmauer waren mit allen Arten von kostbaren Steinen geschmückt. Der erste Grundstein ist ein Jaspis, der zweite ein Saphir, der dritte ein Chazedon, der vierte ein Smaragd, der fünfte ein Sardonyx, der sechste ein Karneol, der siebte ein Chrysolith, der achte ein Beryll, der neunte ein Topas, der zehnte ein Chrysopras, der elfte ein Hyazinth und der zwölfte ein Amethyst. Die zwölf Tore waren zwölf Perlen. Die Hauptstrasse war aus reinem Gold, so durchsichtig wie Glas.

Liebe Gemeinde

Johannes sah eine neue Stadt, umgeben von Gottes Glanz, aufgebaut auf Gold und Edelsteinen.

Von Steinen, Edelsteinen, schreibt Johannes.

Mögen sie Steine?

Ich habe Steine gern, auch wenn ich nichts davon verstehe. Ich finde sie einfach schön.

Aber ich habe nachgeschaut, was die einzelnen Steine aus der Offenbarungslesung aufs Heilen hin bedeuten.

Das Fundament der neuen Stadt ist aus Jaspis. Dieser Stein heilt Schnittwunden und Stiche. Ja, wie oft werden wir doch in unserem Leben verletzt. Wie vieles gibt uns ein Stich ins Herz.

Ein anderer Grundstein ist der Chalzedon. Dieser entgiftet und stillt Heimweh. Entgiften. Manchmal haben wir doch alle ein wenig Gift in uns, nicht wahr, in Form von lebensfeindlichen, vernichtenden Gedanken.
Und wie ist mit dem Heimweh? Wir sehnen uns doch alle nach Geborgenheit, Gutem, nach Gerechtigkeit, Frieden und Erfüllung. Noch viele andere Heilwirkungen hat der Chalzedon, die ich aber jetzt nicht aufzähle. Sie überschneiden sich oft mit den Heilwirkungen der anderen Steine.

Ein Smaragd lindert neben viel anderem - müde Augen. Wie oft mögen wir nicht mehr hinschauen auf das viele Elend in der Welt, auf unsere eigene Unvollkommenheit, unser Unvermögen.

Der Sardonyx hat zum Teil die selben Heilwirkungen.
Der Amethyst hilft, nebst vielen anderem, bei Kummer. Und wer kennt nicht Kummer und Sorgen!

Das neue Jerusalem, die Stadt von Gott, ein Ort, wo es gut ist und wir geheilt werden.
Die Menschen, um die wir trauern, sind dort.
Wie schön!

Printed by Books on Demand GmbH, Norderstedt / Germany